DAILY
法学選書

デイリー法学選書編修委員会［編］

たいせつな家族を守る！

障害者総合支援法のしくみ

SHOUGAISHASOUGOUSHIENHOU

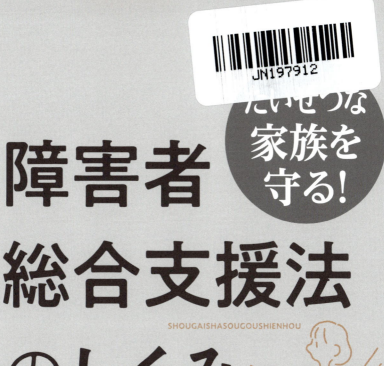

三省堂

はじめに

　厚生労働省が 2018 年 6 月に発表した「障害福祉サービス、障害児給付費等の利用状況について」という統計によると、障害福祉サービスの利用者は 2018 年 3 月において、83.3 万人に上ります。さらに、障害児サービスの利用者も増加傾向にあって、2018 年 3 月の利用者は 28.9 万人です。このように、障害者に関するサービスの需要は増えています。多くの利用者の需要に応えるためには、柔軟にサービスを利用することが重要です。そのため、障害者に関する法律の基本的な知識や手続きを理解しておく必要があります。

　本書では 2013 年 4 月から施行されている障害者総合支援法を中心に、障害者に関する法律の基本的な知識と必要な手続きについて、知識のない者でも無理なく読むことができるよう解説することを心がけました。障害者が就労に定着できるよう支援するサービスや、自立した生活を促進するサービスなど、2018 年 4 月から施行されている障害者総合支援法改正の内容にも対応しています。

　第 1 章は、障害福祉サービス全体を概観するため、障害者を支援する法律の全体像を取り上げています。第 2 章は、障害福祉サービスのしくみとして、個別の障害福祉サービスを詳細に解説しています。第 3 章は、障害福祉サービスを利用するための手続きについて、その全体像から重要な手続きを中心に解説しました。第 4 章は、サービス提供事業者になるための知識について解説しました。第 5 章は、障害児を支援する制度・相談機関について解説しています。第 6 章は、障害者総合支援法以外の障害者をサポートするその他の法律や制度について解説しています。

　本書を広く、皆様のお役に立てていただければ幸いです。

デイリー法学選書編修委員会

Contents

はじめに

第1章　障害者を支援する法律の全体像

図解 障害者福祉と障害者総合支援法のしくみ　　　　　　　10

図解 障害者のための福祉サービスの全体像　　　　　　　　12

　　1　障害者総合支援法とは　　　　　　　　　　　　　　14

　　2　障害者　　　　　　　　　　　　　　　　　　　　　16

　　3　障害支援区分　　　　　　　　　　　　　　　　　　18

　　4　障害者や障害児に対するサービスの基本　　　　　　20

　　5　障害福祉計画・障害児福祉計画　　　　　　　　　　22

　　6　地域生活支援事業　　　　　　　　　　　　　　　　26

　　7　地域活動支援センター　　　　　　　　　　　　　　32

　　8　情報公表制度や自治体事務の効率化　　　　　　　　34

　　9　介護保険との関係　　　　　　　　　　　　　　　　36

　10　高齢障害者とサービス利用料の軽減　　　　　　　　40

　　Column　医療的ケアを要する障害児に対する支援　　　42

第2章　障害福祉サービスのしくみ

　　1　自立支援給付　　　　　　　　　　　　　　　　　　44

2	居宅介護	46
3	重度訪問介護	48
4	同行援護	50
5	行動援護	52
6	重度障害者等包括支援	54
7	短期入所	56
8	療養介護	58
9	生活介護	60
10	施設入所支援	62
11	自立訓練	64
12	就労移行支援	66
13	就労継続支援Ａ型	68
14	就労継続支援Ｂ型	70
15	共同生活援助（グループホーム）	72
16	就労定着支援	74
17	自立生活援助	76
18	居住サポート事業	78
19	移動支援事業	80
20	日常生活用具給付等事業	82

21	成年後見制度利用支援事業	84
22	意思疎通支援事業	86
23	自立支援医療	88
24	更生医療	92
25	育成医療	94
26	精神通院医療	96
27	補装具費支給制度	98
Column	補装具の支給範囲の拡大	100

第3章 障害福祉サービスを利用するには

1	障害福祉サービスの利用手続きの全体像	102
2	担当窓口の利用	104
3	申請から支給決定まで	106
4	認定調査	108
5	支給決定からサービス開始まで	110
6	サービス等利用計画書	112
7	モニタリング	116
8	利用者負担	120
9	医療型個別減免	124
10	高額障害福祉サービス等給付費	126
11	障害児の利用者負担	128

12 補足給付費　　　　　　　　　　　　　　　　　130

13 不服審査の申立て　　　　　　　　　　　　　　132

Column　成年後見制度のしくみと問題点　　　　　134

第4章　サービス提供事業者になるための知識

1 障害福祉サービス事業　　　　　　　　　　　　136

2 指定を受けるために必要な基準　　　　　　　　140

3 サービス管理責任者　　　　　　　　　　　　　142

Column　事業者が受け取る報酬のしくみ　　　　　144

第5章　障害児を支援する制度

1 障害児のための施設　　　　　　　　　　　　　146

2 児童発達支援　　　　　　　　　　　　　　　　148

3 外出が困難な児童の発達支援　　　　　　　　　150

4 放課後等デイサービス・保育所等訪問支援　　　152

5 障害児入所支援　　　　　　　　　　　　　　　156

6 障害児の相談支援事業　　　　　　　　　　　　158

Column　児童の教育支援　　　　　　　　　　　　160

第6章　障害者をサポートするその他の法律や制度

1 障害者基本法　　　　　　　　　　　　　　　　162

2	障害者基本計画	164
3	障害者権利条約	166
4	発達障害者支援法	168
5	知的障害者福祉法	170
6	身体障害者福祉法	172
7	精神保健福祉法	174
8	障害者虐待防止法	176
9	障害者差別解消法	178
10	障害者雇用促進法	180
11	障害者優先調達推進法	182
12	障害年金と金銭的支援	184

Column　難病とは　188

巻末資料　障害者総合支援法の対象となる疾病　189

第1章

障害者を支援する
法律の全体像

図解 障害者福祉と障害者総合支援法のしくみ

障害者総合支援法とは？

障害者総合支援法は、障害者や障害児に対する福祉サービスである障害福祉サービスなどの基本骨格を定めた法律です。具体的な障害福祉サービスにあたる自立支援給付（第2章）や地域生活支援事業（第3章）に関する規定が最も重要です。

● 障害者総合支援法の基本構造

第1章　総則

障害者・障害児が、かけがえのない個人として尊重され、障害福祉サービスなどを受けて、その人らしく日常生活・社会生活を送ることができるようにするという障害者総合支援法の基本理念などが示されている

第2章　自立支援給付

- 自立支援給付として、介護給付費、訓練等給付費、地域相談支援給付費、計画相談支援給付費、自立支援医療費、療養介護給付費、補装具費の支給などの種類があることが示されている
- 各種給付について、申請 → 障害支援区分の認定 → 支給決定など必要な手続きに関する規定が置かれている
- たとえば、介護給付費においては、居宅介護、重度訪問介護、同行援護など、各支給に関する具体的な支援の内容が示されている

第3章　地域生活支援事業

- 市町村が行う地域生活支援事業として、障害者の自立に関する研修・啓発や各種活動への支援、相談支援、成年後見制度の利用支援、意思疎通に関する支援、移動支援事業などが示されている
- 都道府県が行う地域生活支援事業として、専門性の高い相談支援、意思疎通を行う人材の養成・派遣、当該派遣に関する連絡調整などが示されている

第4章　事業・施設

- 都道府県が行う事業として、障害福祉サービス事業、相談支援事業、移動支援事業、地域活動支援センターを経営する事業、福祉ホームを経営する事業があることが示されている
- 障害者支援施設の設置や、その設備・運営に関する基準などが規定されている

★その他（第5章〜第10章）にも、市町村・都道府県の障害福祉計画、国や地方公共団体が負担するべき費用、審査請求などの規定が置かれている

● 障害者を保護する法律

	名称	主な内容
障害者への施策に関する基本方針	障害者基本法	障害者の自立・社会参加を支援するための施策に関する基本的な法律
障害の種別に応じた個別の施策に関する法律	発達障害者支援法	発達障害者への具体的支援について規定した法律
	知的障害者福祉法	知的障害者への援助・保護について規定した法律
	身体障害者福祉法	身体障害者への援助・保護について規定した法律
	精神保健福祉法	精神障害者の社会復帰の促進・必要な援助について規定した法律
	障害者虐待防止法	障害者への虐待の禁止・早期発見など虐待からの保護について規定した法律
	障害者差別解消法	障害による差別の解消の推進に関する基本的な事項を規定した法律
	障害者雇用促進法	障害者の職業生活における自立を促すための措置などについて規定した法律
障害児への施策（年齢に応じた施策）に関する法律	児童福祉法	障害児を含むすべての児童の成長・発達に関する施策について規定した法律
障害福祉サービス・支援に関する法律	障害者総合支援法	障害者・障害児の福祉を増進するため、障害者への障害福祉サービス・地域生活支援事業などについて規定した法律
介護が必要な障害者に関する法律	介護福祉法	障害者を含む要介護状態者への入浴・排せつ・食事などの介護に関して規定した法律

障害者福祉とは？

　すべての者が、障害の有無にかかわらず、その人の個性が尊重された日常生活・社会生活を送ることができるように、医療・教育・雇用など、さまざまな分野にわたり支援を行うことです。このような障害者福祉の基本理念は、障害者基本法に示されています。

　また、発達障害者支援法、知的障害者福祉法、身体障害者福祉法、精神保健福祉法など各種の法律で、支援の前提になる障害の類型化を図っています。障害者総合支援法が規定する障害福祉サービスも、基本的にこの類型に沿って運用が行われています。

第1章 ● 障害者を支援する法律の全体像　　11

図解 障害者のための福祉サービスの全体像

障害者総合支援法における福祉サービス

　障害者や障害児を対象とする福祉サービスについては、大きく自立支援給付と地域生活支援事業の2つに分類することができます。

　自立支援給付は、個別の障害者の状況に応じ、必要な支援を給付することです。自立支援給付として重要なのが、介護や訓練などが対象の介護給付・訓練等給付です。介護給付の対象になるサービスには、自宅での食事などの介護を行う居宅介護をはじめ、移動の援護を行う同行援護、医療機関で看護などを行う療養介護などがあります。訓練等給付の対象になるサービスには、身体的機能の向上をめざす自立訓練や、就労に関連する就労移行支援・就労継続支援、グループホームでの共同生活援助などがあります。

　地域生活支援事業は、障害者や障害児の居住地域の財政事情や、施設などの社会資源（インフラ）などを考慮して行う支援です。市町村や都道府県による支援であり、各種相談支援や手話などの通訳者によるコミュニケーション支援などがあります。

障害児を対象とした福祉サービス

　障害児を対象とする施設利用などの福祉サービスは、おもに児童福祉法に基づいて提供されています。具体的には、通所支援と入所支援の2つに分類して、サービスが提供されています。通所支援は、市町村により行われるもので、障害児が施設に通う形態で受けるサービスです。一方、入所支援は、都道府県により行われるもので、障害児が施設に入所する形態で受けるサービスです。

● 障害者のための福祉サービス（障害者総合支援法）

自立支援給付	地域生活支援事業
●介護給付 （例）居宅介護（食事・入浴・排せつなど） 同行援護（移動の援護） 療養介護（医療機関での看護など） ●訓練等給付 （例）就労移行支援（就労に必要な訓練など） 就労継続支援（就労機会の提供など） 共同生活援助（グループホーム） ●地域相談支援給付 ●自立支援医療 ●補装具費	（市町村） ●研修・啓発 ●活動支援 ●相談支援 ●成年後見制度利用支援 ●意思疎通支援 ●移動支援　など （都道府県） ●専門性の高い相談支援 ●専門性の高い意思疎通を行う人材の養成・研修・派遣　など

障害者

● 障害児を対象とした福祉サービス（児童福祉法）

	名称	内容など
\multicolumn{3}{c}{市町村が実施するサービス}
通所支援	児童発達支援	児童発達支援センターによる基本的な動作・知識の指導など
	医療型児童発達支援	医療型児童発達支援センターによる基本的な動作・知識の指導、治療など
	居宅訪問型児童発達支援	外出が困難な障害児への基本的な動作・知識の指導
	放課後等デイサービス	放課後や休暇中における各種の訓練など
	保育所等訪問介護	保育所などによる集団生活への適応
\multicolumn{3}{c}{都道府県が実施するサービス}
入所支援	福祉型障害児入所施設	保護、日常生活の指導、知識・技能の提供
	医療型障害児入所施設	保護、日常生活の指導、自立した生活に必要な知識・技能の提供、治療

1 障害者総合支援法とは

どんな法律なのか

障害者総合支援法は、正式には「障害者の日常生活及び社会生活を総合的に支援するための法律」といいます。障害者や障害児も健常者同様に基本的人権をもっています。その障害者や障害児が、かけがえのない個人として尊重された日常生活や社会生活を営むことができるようにすることを目的としています。

なぜ制定されたのか

障害者福祉において重要な考え方があります。それは、障害者が施設に入所するだけでなく、健常者と尊重し合いながら共生し、社会福祉環境の整備や実現をめざすという考え方です。これをノーマライゼーションといいます。この考え方は北欧で生まれ、先進国を中心に浸透しつつあります。日本においてもノーマライゼーションが浸透しつつあり、実現が検討されるようになりました。

その一環として、2003年から支援費制度が導入されました。支援費制度は、利用者が自らサービスを選択し、サービス提供事業者と直接契約を結び、その費用を市町村が支給する（一部自己負担あり）という制度です。かつては障害者福祉に関するサービスの内容を利用者が選択することはできませんでした。

支援費制度の下では、サービス提供において地方公共団体間の格差が大きいなどの問題がありました。これらの問題を解消するため、2005年に障害者自立支援法が制定されました。ところが、障害者自立支援法の下でも、サービス利用を決定する基準が実情に合わないなどの問題が生じました。そこで、障害者自立支援法において生じた問

● 障害者総合支援法の基本理念 ·················

> **正式名称**「障害者の日常生活及び社会生活を総合的に支援するための法律」

基本理念 障害者・障害児が、健常者と尊重し合いながら、社会で生きていくことを実現する（ノーマライゼーション）

- ・個人として尊重され、健常者と共生する社会の実現
- ・社会参加の機会の確保、誰と生活するかの選択の機会の確保
- ・社会生活を営む上での一切の物理的・社会的障壁の除去
  - （例）段差の除去、点字書籍の用意、エレベータの設置、障害者・障害児への偏見をなくす各種の取り組み

題を解消し、さらなる障害者福祉のため、2012年に障害者総合支援法が制定されました。

どんな理念なのか

障害者総合支援法には、障害者や障害児が、障害を理由として分け隔てられることなく日常生活・社会生活を送ることを実現するための基本理念が書かれています。

基本理念は、障害者や障害児の基本的権利が保障され、障害の有無にかかわらずすべての人がともに生きることができる社会（共生社会）を実現するとしています。そして、その実現のため、障害者と障害児は、身近な場所において支援を受けることができ、これによって社会参加の機会確保や選択機会が確保されることが規定されています。

さらに、国・地方自治体及びすべての国民が、社会生活を営む上での障壁の除去に尽力することが定められています。ここでの「障壁」とは、施設の入口の段差をなくす、点字書籍を用意する、障害者や障害児への偏見をなくす、といった物理的・社会的障壁のことをいいます。

障害者総合支援法では、このような理念を実現するため、さまざまな規定を設けています。

第1章 ● 障害者を支援する法律の全体像　15

2 障害者

障害者とは

　障害者総合支援法では、どのような者が障害者に含まれるのかについて、身体障害者、知的障害者、精神障害者、難病患者の4種類に障害者を分類した上で、それぞれの定義づけを行っています。

　身体障害者は、身体上の障害がある18歳以上の者であって、都道府県知事から身体障害者手帳の交付を受けた者をいいます。

　知的障害者は、知的障害者福祉法にいう知的障害者のうち18歳以上の者をいいます。知的障害者とは、知的機能に障害がみられ、日常生活への特別の援助を必要とする者をいうとされています。

　精神障害者は、統合失調症、精神作用物質による急性中毒またはその依存症、知的障害、精神病質その他の精神疾患を有する者のうち、18歳以上の者をいいます。そして、精神障害者には、発達障害者支援法にいう発達障害者も含まれます。発達障害とは、生まれつき脳機能の発達が通常と違うために、学習障害や注意力の欠如により、日常生活や社会生活に何らかの支障が生じる障害をいいます。

　難病者は、難病を有する18歳以上の者をいいます。難病とは、治療方法が確立していない疾病その他の特殊の疾病で、障害の程度が厚生労働大臣の定める程度の疾病のことをいいます。

　以上に対し、身体障害、知的障害、精神障害（発達障害を含む）、難病を有する児童のことを**障害児**といいます。児童とは、18歳未満の者をいいます。そして、18歳未満の障害のある者を対象にしたサービスについて、通所・入所のサービスは児童福祉法に基づいて行われ、居宅のサービスは障害者総合支援法に基づいて行われます。

　支援対象になる障害の範囲は、以前より広がっています。2012年

● 障害者 ……………………………………………………………………

障 害 者 障害者総合支援法は４種類に分類して規定している

1 身体障害者

身体上の障害がある18歳以上の者であって、
都道府県知事から身体障害者手帳の交付を受けた者

2 知的障害者

知的機能に障害がみられる18歳以上の者

3 精神障害者

統合失調症、精神作用物質による急性中毒などの依存症、
知的障害、精神病質その他の精神疾患をもつ18歳以上の者
（発達障害者も含む）

4 難病者

厚生労働省が定める難病をもつ18歳以上の者

の障害者総合支援法の制定にともない、発達障害者が支援対象として明記された他、難病者が支援対象として追加されました。

　さらに、障害者の種類だけでなく、その対象となる障害の定義も以前より広がっています。たとえば、エイズなどにより免疫機能障害を負った者が、身体障害者と考えられるようになりました。難病にあたる疾病の範囲についても、徐々に広がっています（⇨ P.188 参照）。

　このように障害の範囲が広がっているのは、ノーマライゼーションの考え方が背景にあるためです。障害者総合支援法による支援を受けるためには「障害者」に含まれることが必要になります。障害により不平等を強いられているとしても、「障害者」にあたらなければ、障害者総合支援法の支援を受けることができません。そこで、障害により不平等を強いられている者が広く支援を受けられるようにする必要があることから、障害の範囲が以前より広がっています。

第1章 ● 障害者を支援する法律の全体像　　**17**

3 障害支援区分

障害支援区分とは

障害支援区分とは、障害者等（障害者や障害児）の障害の多様な特性その他の心身の状態に応じて、必要とされる標準的な支援の度合を総合的に示す基準のことです。

障害者総合支援法は、身体障害、知的障害、精神障害（発達障害を含む）、難病の4種類に障害を分類していますが、同じ種類の障害を持つ者の中においても、必要となるサービスは異なります。そこで、障害福祉サービスが必要な者に対し、どのようなサービスを提供するべきかを判断する基準として、障害支援区分が規定されています。

障害支援区分認定

障害支援区分認定は、コンピュータによる1次判定と、市町村審査会による2次判定によって行われます。とくに介護給付を受けるためには、障害支援区分認定を経ておくことが必要です。

1次判定は、認定調査項目と主治医による医師意見書をふまえ、判定ソフトを利用し、コンピュータが判定します。認定調査項目は、移動や動作などに関連する項目、身の回りの世話や日常生活などに関連する項目、意思疎通などに関連する項目、行動障害に関連する項目、特別な医療に関連する項目について合計80項目があります。

2次判定は、1次判定の結果をもとに、1次判定では把握することができない申請者固有の状況などに関する特記事項と、医師意見書の内容を総合的に考慮し、市町村審査会が審査判定をします。

市町村審査会は判定内容を市町村に通知します。具体的には、障害支援区分やその認定の有効期間に関する意見、支給決定する際に考慮

18

● 障害支援区分認定 ･･･

障害支援区分 障害の多様な特性その他の心身の状態に応じて
必要とされる標準的な支援の度合を総合的に示す基準

**市町村に
よる認定** ← ┌ 1次判定 ⇒ コンピュータの判定
            └ 2次判定 ⇒ 市町村審査会の認定

利用
↓

① 居宅介護などの国家負担基準額の判断
② 療養介護、生活介護、重度障害者等包括支援などの給付要件の判断
③ 報酬単価の判断

すべき事項に関する意見などを通知します。市町村は、市町村審査会からの通知をふまえ、申請者に対し、障害支援区分とその有効期間についての認定を行います。

　障害支援区分は支援の必要性に応じた7つの区分があります。具体的には、非該当と区分1～区分6までの7つです。区分の数字は支援の必要性の程度を意味し、数字が大きいほど支援の必要性が高いことを示しています。どの段階の障害支援区分認定を受けたかによって、利用することのできる障害福祉サービスの内容が決まります。非該当に認定されると、障害者総合支援法による介護給付を受けることができなくなります。

▌どのようなことに利用されるのか

　障害支援区分認定の結果は、介護給付において、①居宅介護等の国家負担基準額、②療養介護、生活介護、重度障害者等包括支援等の給付要件、③報酬単価の判断に活用されます。

　市町村は、申請者に対し、障害支援区分とその有効期間の認定について、理由を添えて通知します。このとき、認定に不服がある場合の審査請求に関する事項についても申請者に伝えます。

第1章 ● 障害者を支援する法律の全体像　　**19**

4 障害者や障害児に対する サービスの基本

自立支援給付は個別に提供される

障害者総合支援法が規定している福祉サービスは、自立支援給付と地域生活支援事業の2つに大きく分けることができます。

自立支援給付は、障害者や障害児に対して個別に提供されるサービスのことです。具体的には、介護給付費、訓練等給付費、地域相談支援給付費、計画相談支援給付費、自立支援医療費、補装具費などがあります。たとえば、介護給付費は、居宅介護や生活介護などを受けたときに支給される費用です。介護給付費の支給を受けるためには、市町村による支給決定を受けなければなりません。支給決定を受けるためには、まず、障害者または障害児の保護者が市町村に申請します。市町村は、申請に基づき、支給が妥当であるか否かを判断します。支給が妥当と認定されると、都道府県が指定した事業者の中から、サービスを受ける本人が事業者を選択して契約を締結することになります。

地域生活支援事業は地域の実情に応じて行う

地域生活支援事業は、障害者や障害児が、自立した日常生活・社会生活を営むことができるよう、地域の特性や利用者の状況に応じ、柔軟な形態により行われる事業のことで、市町村が行う地域生活支援事業と、都道府県が行う地域生活支援事業の2つがあります。

地域生活支援事業については、市町村や都道府県が、地域の実情に応じて柔軟に事業の詳細を決定することに特徴があり、原則として市町村によって行われます。それは、障害者や障害児にとって市町村が身近な存在であるからです。市町村が行う地域生活支援事業には、研修・啓発事業、相談支援事業、日常生活用具給付等事業、成年後見制

● **障害者や障害児に対するサービスのおもな体系**

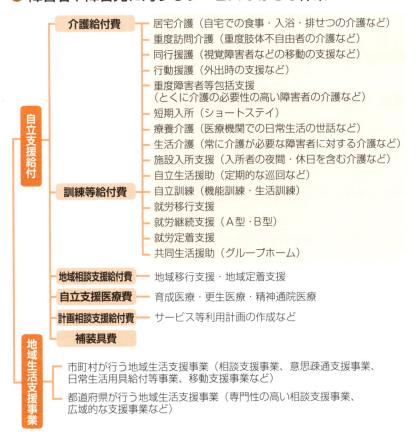

度利用支援事業、移動支援事業、地域活動支援センターなどがあります。

　これに対し、都道府県が行う地域生活支援事業には、専門性の高い相談支援事業、専門性の高い意思疎通支援を行う者の養成研修・派遣事業、意思疎通支援を行う者の派遣に関する市町村相互の連絡調整事業、広域的な支援事業などがあります。

　地域生活支援事業は、第1次的には市町村がサービス提供義務を負います。そして、市町村が十分にサービスを提供することができない事業について、都道府県がカバーするしくみになっています。

5 障害福祉計画・障害児福祉計画

障害福祉計画とは

障害福祉計画とは、障害者総合支援法に基づき、障害者や障害児に対するサービスを円滑に実施するため、市町村や都道府県が作成する計画のことです。市町村が作成する計画を市町村障害福祉計画、都道府県が作成する計画を都道府県障害福祉計画といいます。障害福祉計画は、すべての都道府県・市町村において、厚生労働大臣が定める基本指針に即して作成することが義務づけられています。

障害福祉計画や基本方針において定める事項

各々の市町村・都道府県が自由に障害福祉計画を作成することを認めると、地域間のサービス格差が大きくなります。たとえば、A市で提供されているサービスがB市では提供されないということが生じます。これでは、障害者や障害児が個人として尊重された日常生活・社会生活を営んでいく、という理念を実現することが困難になります。そのため、どの市町村・都道府県で障害福祉計画を作成しても、一定の方向にそろっていることが必要といえます。

かつての障害者自立支援法の下においても、障害福祉サービスや相談支援（基本相談支援、地域相談支援、計画相談支援）などの計画的な提供のため、市町村・都道府県に対して、障害福祉計画の作成を義務づけていました。そして、障害福祉計画の作成方針として、厚生労働大臣が基本指針を定めていました。

障害者や障害児の支援において、障害の範囲が広くなるのにともない、障害福祉サービスなどの利用者も増大しました。障害福祉サービスなどの利用者が増大すれば、提供されるサービスの種類や提供量も

● 障害福祉計画

障害福祉計画 ── 市町村障害福祉計画
         └─ 都道府県障害福祉計画

障害福祉計画で定めるべき事項

【市町村障害福祉計画】
① 障害福祉サービス、相談支援、地域生活支援事業の提供体制の確保に関する目標についての事項
② 各年度の指定障害福祉サービス、指定地域相談支援、指定計画相談支援の種類ごとの必要な量の見込み
③ 地域生活支援事業の種類ごとの実施に関する事項

【都道府県障害福祉計画】
① 障害福祉サービス、相談支援、地域生活支援事業の提供体制の確保に関する目標についての事項
② 当該都道府県が定める区域ごとに当該区域の各年度の指定障害福祉サービス、指定地域相談支援、指定計画相談支援の種類ごとの必要な量の見込み
③ 各年度の指定障害者支援施設の必要入所定員総数
④ 地域生活支援事業の種類ごとの実施に関する事項

増大します。このような状況下で、障害福祉サービスなどの地域間の格差が生じるようになりました。そのため、基本方針に即した障害福祉計画の作成が義務づけられることになりました。

しかし、障害者自立支援法に基づいて定められた基本指針や障害福祉計画によっては、地域間の格差などの問題を十分に解決することができませんでした。そこで、2012 年に制定された障害者総合支援法において、厚生労働大臣が基本指針に定める事項として、新たに「障害福祉サービス、相談支援並びに市町村及び都道府県の地域生活支援事業の提供体制の確保に係る目標に関する事項」を追加しました。さらに、厚生労働大臣が基本指針の案を作成・変更するときは、あらかじめ、障害者・障害児やそれらの家族などの意見を反映させるための措置を講じることが明記されました。その他、障害者・障害児の生活

実態などを考慮し、厚生労働大臣は、必要があれば基本方針を変更することも明記されています。

また、障害者総合支援法では、基本方針の追加事項に対応し、市町村や都道府県が障害者福祉計画に定める事項も追加しました。具体的には、①障害福祉サービス・相談支援・地域生活支援事業を提供する体制を確保する上でめざすべき目標に関する事項と、②地域生活支援事業の実施に関する事項が追加されました。①については、障害福祉サービスなどの目標を明記することで、サービス基盤の着実な整備を実現させる目的があります。②については、地域生活支援事業には社会的障壁を取り除く事業が含まれており、地域生活支援事業の実施に関する事項を明記することで、社会的障壁を取り除くための事業がより一層整備されることが期待されています。

その上で、障害者総合支援法では、市町村・都道府県が、定期的に障害福祉計画に定めた事項に関する調査や分析などを行い、必要があると認めれば、障害福祉計画の変更などの措置をとらなければならないことも明記しています。これにより、障害福祉計画を実態に適合させるとともに、新たな問題に対応しやすくなります。

2018年度から、第5期障害福祉計画がスタートしています。そこでは2020年度までに達成すべき目標などが定められています。

障害児福祉計画とは

障害児福祉計画とは、市町村・都道府県において定められる障害児通所支援や障害児相談支援などを提供する体制の確保や実施に関する計画のことで、2018年より児童福祉法に基づいて作成されることになりました。障害児福祉計画についても、障害福祉計画と同様に、厚生労働大臣が定める基本方針に即して、市町村が市町村障害児福祉計画を作成し、都道府県が都道府県障害児福祉計画を作成することが義務づけられています。

● 障害児福祉計画 ‥‥‥‥‥‥‥‥‥‥‥‥‥‥‥‥‥‥‥‥‥‥‥

障害児福祉計画 ── 市町村障害児福祉計画
　　　　　　　　 └ 都道府県障害児福祉計画

障害児福祉計画に定めるべき事項

【市町村障害児福祉計画】
① 障害児通所支援や障害児相談支援の提供体制の確保に係る目標についての事項
② 各年度における指定通所支援や指定障害児相談支援の種類ごとの必要量の見込み

【都道府県障害児福祉計画】
① 障害児通所・入所支援や障害児相談支援の提供体制の確保に関する目標についての事項
② 都道府県の区域ごとの各年度の指定通所支援や指定障害児相談支援の種類ごとの必要量の見込み
③ 各年度の指定障害児入所施設等の必要入所定員総数

　市町村障害児福祉計画で定めるべき事項は、①障害児通所支援・障害児相談支援の提供体制の確保に関する目標についての事項、②各年度における指定通所支援や指定障害児相談支援の種類ごとの必要量の見込みの2つです。障害児入所支援は都道府県が実施主体であるため、市町村障害児福祉計画では定めるべき事項に含まれていません。

　都道府県障害児福祉計画で定めるべき事項は、①障害児通所・入所支援や障害児相談支援の提供体制の確保に関する目標についての事項、②都道府県が定める区域ごとの各年度の指定通所支援や指定障害児相談支援の種類ごとの必要量の見込み、③各年度の指定障害児入所施設等の必要入所定員総数の3つです。

　2018年度から、第1期障害児福祉計画期間がスタートしており、基本理念に障害児の健やかな育成のための発達支援が追加されています。障害児福祉計画の実施により、障害福祉サービスなどの提供が一層充実することが期待されます。

6 地域生活支援事業

地域生活支援事業とは

　地域生活支援事業とは、地域に居住する障害者や障害児が、個人として尊重された日常生活・社会生活を営むことができるように地域の特性や利用者の状況に応じ、柔軟な形態によって行われる事業のことをいいます。地域生活支援事業は、各地方公共団体が、地域で生活する利用者が望むサービスのあり方などを検討した上で、実施する事業を決定することができます。そのため、より多くの障害者や障害児に共通した支援が可能になるとともに、地方公共団体の施設や予算などの実態に合わせて、効率的に事業を展開することができます。

　もっとも、地域生活支援事業について各地方公共団体の決定にゆだねられている点については、地域生活支援事業の内容、実施方法、予算配分、対象者などが、地方公共団体の恣意的な判断によって行われるおそれがあるという批判もなされています。

　地域生活支援事業は、おもに市町村によって行われます。市町村が障害者や障害児にとって身近であり、それらの置かれている状況を理解しているからです。都道府県が行う地域生活支援事業は、市町村ではカバーできない部分を補うための事業が中心です。

　市町村や都道府県が行う地域生活支援事業の内容は、以下のように、それぞれ必須事業と任意事業とに分類されています。

市町村が行う必須事業

　市町村が行う地域生活支援事業のうち、必須事業として分類されているのは、以下に挙げる10種類の事業です。

① 理解促進研修・啓発事業

● 地域生活支援事業とは

市町村が行う地域生活支援事業	必須事業	理解促進研修・啓発事業、自発的活動支援事業、相談支援事業 成年後見制度利用支援事業、成年後見制度法人後見支援事業 意思疎通支援事業、日常生活用具給付等事業 手話奉仕員養成研修事業、移動支援事業 地域活動支援センター（基礎的事業・機能強化事業）
	任意事業	日常生活支援、社会参加支援、権利擁護支援、就業・就労支援
都道府県が行う地域生活支援事業	必須事業	専門性の高い相談支援事業 専門性の高い意思疎通支援を行う者の養成研修事業 専門性の高い意思疎通支援を行う者の派遣事業 意思疎通支援を行う者の派遣に係る市町村相互の連絡調整事業、広域的な支援事業
	任意事業	日常生活支援、社会参加支援、権利擁護支援、就業・就労支援

　地域住民に対し、障害者等（障害者や障害児）に対する理解を深めてもらうための活動です。具体的には、さまざまな障害の特性に関する教室の開催や、地域住民が障害福祉サービスを行っている事業所に訪問して障害者等と交流する機会を作るなどの活動が挙げられます。

② **自発的活動支援事業**

　障害者等やそれらの家族が、地域から孤立することなく、自立した日常生活・社会生活を送るために必要な支援を行う事業です。たとえば、複数の障害者等やその家族同士が抱える悩みを共有して情報交換ができる交流活動の実施や、ボランティアの養成活動、障害者等の孤立を防ぐ見守り活動の支援などが挙げられます。

③ **相談支援事業**

　障害者等やその家族などからの相談に応じ、障害者等の支援に関する必要な情報の提供や助言などをする事業です。障害者等に対する虐待の防止など、障害者等の権利の擁護のために必要な援助を行う事業

第1章 ● 障害者を支援する法律の全体像　　27

も含まれます。

④　成年後見制度利用支援事業

　成年後見制度の利用に必要な費用のうち、その申立てに要する費用や後見人に支払う報酬の全部または一部を補助する事業です。

⑤　成年後見制度法人後見支援事業

　成年後見制度に基づく後見人として活動することを希望する法人などに対し、研修などを通じた支援を行う事業です。

⑥　意思疎通支援事業

　手話通訳者・要約筆記者の派遣（点訳、代筆、代読、音声訳などによる支援を含みます）などを行う事業です。

⑦　日常生活用具給付等事業

　障害者等が日常生活に必要な用具の給付や貸与を行う事業です。

⑧　手話奉仕員養成研修事業

　おもに聴覚障害者等との日常会話程度のやり取りを可能にするのを目的とした手話奉仕員を養成する研修などを実施する事業です。

⑨　移動支援事業

　障害者等が外出や地域活動への参加にあたり、必要になる移動を支援する事業です。

⑩　地域活動支援センター（基礎的事業・機能強化事業）

　障害者等の創作的活動や生産活動の支援を目的として設置された地域活動支援センターの機能強化のために行われる事業です。具体的には、精神保健福祉士などの専門職員の配置が必要なⅠ型、雇用・就労支援を中心に行うⅡ型、障害者の通所サービスなどを実施するⅢ型などに地域活動支援センターを類型化した上で、必要な支援を実施することが想定されています。

市町村が行う任意事業

　市町村が行う地域生活支援事業のうち、任意事業として分類されて

● 地域生活支援事業と地域生活支援促進事業 ‥‥‥‥‥‥‥‥

地域生活支援事業

地域に居住する障害者等（障害者や障害児）が自立した日常生活・社会生活を送るために、地域の特性や利用者の状況を考慮して行う事業

※交付された補助金は各地方公共団体の裁量に基づき比較的自由に配分可能

地域生活支援促進事業

地域生活支援事業のうち、「国が重点的に取り組むべき事業として特別に位置づけた」事業

※配分される補助金の額が高額である一方で、地方公共団体の裁量に基づき異なる事業に補助金を使用することはできない

いるのは、日常生活支援、社会参加支援、権利擁護支援、就業・就労支援です。たとえば、日常生活支援としては、訪問入浴サービスや生活訓練などが実施されます。

都道府県が行う必須事業

都道府県が行う地域生活支援事業についても、必須事業と任意事業とに分類されています。

① 専門性の高い相談支援事業

発達障害者支援センター運営事業や高次脳機能障害に対する支援普及事業など、専門性が高い相談に対応するための事業です。

② 専門性の高い意思疎通支援を行う者の養成研修事業

手話通訳者、要約筆記者、盲ろう者に対する通訳・介助員の養成に関する事業です。

③ 専門性の高い意思疎通支援を行う者の派遣事業

盲ろう者に対する通訳・介助員の派遣を行う事業です。専門性の高い分野など市町村が派遣を行うことができない場合における手話通訳者や要約筆記者の派遣も行います。

④ 意思疎通支援を行う者の派遣に係る市町村相互間の連絡調整事業

第1章 ● 障害者を支援する法律の全体像

市町村や都道府県などの区域を超えて手話通訳者や要約などを派遣する場合に、市町村同士において必要になる連絡調整について都道府県がサポートを行う事業です。

⑤　広域的な支援事業

　具体的には、精神障害者地域生活支援広域調整等事業と都道府県相談支援体制整備事業のことです。

都道府県が行う任意事業

　都道府県が行う地域生活支援事業のうち、任意事業として分類されているのは、日常生活支援、社会参加支援、権利擁護支援、就業・就労支援、重度障害者に関する市町村特別支援です。市町村が行う任意事業と名称が似ていますが、市町村が地域に密着したサービス提供を行うのに対し、都道府県が専門的・広域的な事業を行うという地域生活支援事業の役割分担から、任意事業についても専門的・広域的な事業を担当します。たとえば、日常生活支援として、オストメイト（人工肛門、人工膀胱造設者）社会適応訓練などを行います。

地域生活支援促進事業とは

　地域生活支援促進事業とは、地域生活支援事業のうち、とくに国が重点的に取り組むべき事業として取り上げた特別の事業をいい、2017年度から開始されています。その事業の運営にあたって5割程度の補助金が交付され、質の高い事業の実施が求められています。

　地域生活支援事業との違いは、国からの補助金の使用方法などに現れています。具体的には、地域生活支援事業の場合、交付された補助金については、各地方公共団体の裁量に基づき、どの事業に予算を配分するのかについて比較的広い裁量が認められています。これに対し、地域生活支援促進事業の場合は、国として促進すべき事業を地域生活支援促進事業として特別枠に位置づけ、事業ごとに補助金を交付して

● 地域生活支援促進事業のしくみ ･･････････････････････････････

市町村が行うことができる地域支援生活促進事業
発達障害児者地域生活支援モデル事業、障害者虐待防止対策支援事業、成年後見制度普及啓発事業

都道府県が行うことができる地域支援生活促進事業
発達障害児者地域生活支援モデル事業、かかりつけ医等発達障害対応力向上研修事業、発達障害者支援体制整備事業
障害者虐待防止対策支援事業、障害者就業・生活支援センター事業、工賃向上計画支援事業、就労移行等連携調整事業、障害者芸術・文化祭開催事業、障害者芸術・文化祭のサテライト開催事業
医療的ケア児等コーディネーター養成研修等事業、強度行動障害支援者養成研修事業（基礎研修・実践研修）、障害福祉従事者の専門性向上のための研修受講促進事業、成年後見制度普及啓発事業
アルコール関連問題に取り組む民間団体支援事業、薬物依存症に関する問題に取り組む民間団体支援事業、ギャンブル等依存症に関する問題に取り組む民間団体支援事業、「心のバリアフリー」推進事業

いるため、地方公共団体の裁量によって異なる事業に補助金を配分することができません。地域生活支援促進事業に指定された事業は、とくに質の高い事業の実施が求められており、そのような事業を実施するために高額の補助金を交付しています。

地域生活支援促進事業の実施主体は、地域生活支援事業と同じく市町村と都道府県です（事業内容については P.33 図参照）。ただし、都道府県が実施主体になる事業は、政令指定都市などが実施主体になる場合もあります。

市町村が実施主体となる場合は、複数の市町村が連携して事業を行うことも可能です。また、専門性が高い事業や広域にわたって取り組むことが求められる事業は、都道府県が実施主体になります。市町村が行う事業についても、市町村の実情を考慮し、都道府県が実施することが適切と判断された場合は、都道府県が実施主体になります。

第 1 章 ● 障害者を支援する法律の全体像　　31

7 地域活動支援センター

地域活動支援センターとは

　地域活動支援センターは、地域において創作的活動や生産活動を提供している施設です。その目的は、創作的活動や生産活動の機会を用意し、障害者等（障害者や障害児）に通わせることで、地域社会との交流を促進させることにあります。地域活動支援センターの実施主体は市町村です。多くの場合は、市町村から委託を受けた社会福祉協議会やNPO法人などの団体が実施しています。

地域活動支援センター基礎的事業

　地域活動支援センター基礎的事業とは、創作的活動や生産活動の機会の提供など、地域の実情に応じた支援をすることです。創作的活動や生産活動の機会の提供などが基礎的事業とされているのは、すべての地域活動支援センターに共通する事業であるからです。

地域活動支援センター機能強化事業

　地域活動支援センターでは、上記の基礎的事業に加え、機能強化事業を行っています。地域活動支援センター機能強化事業は、地域の実情に合わせて、以下の3つの類型を設けて実施されています。

① 　地域活動支援センターⅠ型

　医療・福祉や地域の社会基盤との連携強化のための調整、地域住民ボランティア育成、障害に対する理解促進を図るための普及啓発などの事業とともに、相談支援事業を行う事業形態です。他の類型と異なるのは、精神保健福祉士など専門職員の配置を必要とすることです。1日当たりの実利用人員は、約20名以上を想定しています。

● 地域活動支援センター機能強化事業のしくみ ‥‥‥‥‥‥

類　型	おもな事業内容	職員の配置
地域活動支援センターⅠ型	・医療・福祉や地域の社会基盤との連携強化 ・地域住民ボランティア育成 ・障害に対する理解促進を図るための普及啓発（相談支援事業をあわせて実施または委託を受けていることが必要）	・精神保健福祉士など専門職員を配置する ・基礎的事業によって配置する職員の他に1名以上の職員を配置する ・職員のうち2人以上は常勤 ・1日あたりの実利用人員 ⇒約20名以上を想定
地域活動支援センターⅡ型	・地域において雇用・就労が困難な在宅障害者に対する機能訓練、社会適応訓練、入浴などのサービスの実施	・基礎的事業によって配置する職員の他に1名以上の職員を配置する ・職員のうち1人以上は常勤 ・1日あたりの実利用人員 ⇒約15名以上を想定
地域活動支援センターⅢ型	・地域の障害者のための安定的な援護対策	・基礎的事業によって配置する職員のうち1名以上は常勤 ・1日あたりの実利用人員 ⇒約10名以上を想定

② 　地域活動支援センターⅡ型

　地域において雇用・就労が困難な在宅障害者に対し、機能訓練、社会適応訓練、入浴などのサービスを実施する事業形態です。1日当たりの実利用人員は、約15名以上が想定されています。

③ 　地域活動支援センターⅢ型

　地域の障害者のための援護対策として、地域の障害者団体などが実施する通所による援護事業の実績を約5年以上有し、安定的な運営が図られていることを事業内容とする形態です。自立支援給付に基づく事業所に併設して実施する場合も地域活動支援センターⅢ型にあたります。1日当たりの実利用人員は、約10名以上を想定しています。

第1章 ● 障害者を支援する法律の全体像　　33

8 情報公表制度や 自治体事務の効率化

障害福祉サービス等情報公表制度

障害福祉サービス等情報公開制度とは、障害福祉サービスなどを利用する側が、施設・事業所やサービスの情報について閲覧することができる制度です。この制度は2018年4月1日に施行されました。

障害福祉サービスなどを提供する施設や事業所は、大幅に増加しました。全国的に見ると、2010年4月には4万8,300事業所でしたが、2015年4月には9万990事業所に増加しました。

施設や事業所が増加すると、障害者等（障害者や障害児）の利用者側は、自らの状況にあったサービスを提供してくれるところを選ぶことができます。しかし、どの施設や事業所がどのようなサービスをしているのかを知るのは大変です。施設や事業所が増加すると、地方公共団体が管理することも容易でありません。そこで、障害者等の利用者側による情報収集を容易にするとともに、施設や事業所のサービスの質を確保するため、障害福祉サービス等情報公表制度が導入されました。

具体的には、障害福祉サービスなどを提供する施設や事業所が、都道府県知事に対し、施設や事業所の所在地・従業員数・営業時間、提供するサービスの内容、苦情処理などの取り組みの状況などを報告します。それから、都道府県知事によって、報告された内容が公開されます。利用者は「障害福祉サービス等情報公表システム」というホームページにアクセスし、公開された情報を閲覧することができます。

外部委託による自治体事務の効率化

自治体事務の効率化の観点から、障害福祉サービスの給付費に関す

● 障害福祉サービス等情報公表制度のしくみ

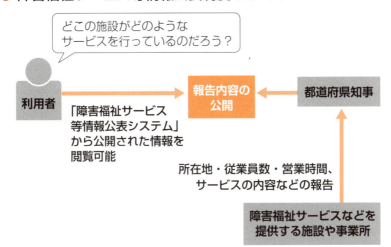

る審査支払事務など、障害福祉サービスなどについて地方公共団体が行っている調査や審査に関する事務を民間の法人に委託する（外部委託）ことが、2018年4月1日からできるようになりました。

　障害福祉サービスなどを提供する施設・事業所の増加とともに、その利用者も増加しています。障害福祉サービスなどは、おもに利用者が居住する地方公共団体によって提供されるため、施設・事業所や利用者が増加するのにともない、地方公共団体の事務も増加します。事務の増加が原因で、処理が滞っていたり適正になされなかったりすると、適切なサービスが提供できず、質が低下する可能性もあります。そこで、自治体の事務効率化のため、調査や審査に関する事務の外部委託が導入されました。

　調査や審査の事務の外部委託先は、都道府県知事が指定する民間法人に限られます。また、委託することができる事務も、質問や文書提出依頼など、公権力の行使（国民に対する強制力をもった行為）にあたらない事務に限られます。立入検査や命令などの公権力にあたる事務は、従来どおり地方公共団体が実施します。

9 介護保険との関係

介護保険とは

　介護保険とは、介護を必要とする高齢者へのサービスの提供にともなう負担を、社会全体で支援するための保険制度をいいます。介護保険制度では、要介護認定を受けた被保険者（利用者）が、介護保険事業者からサービスの提供を受けます。その際、被保険者はサービスの提供にともなう費用の一部（原則１割）を負担します。その後、介護保険事業者は、介護保険の保険者（市町村）に対し、残った部分の費用（原則９割）を請求し、この請求が認められると、保険者から介護保険事業者に対し残った部分の費用が支払われます。この費用の財源は、被保険者から徴収する保険料と税金により賄われています。

　介護保険の被保険者は、第１号被保険者と第２号被保険者に分類されています。第１号被保険者が65歳以上の者であるのに対し、第２号被保険者は、40歳から64歳までの医療保険加入者です。

　第１号被保険者は、要支援・要介護の状態になった場合に、介護保険によるサービスを受けることができます。たとえば、寝たきりや認知症などで介護が必要な状態が要介護状態、日常生活に支援が必要な状態が要支援状態にあたります。しかし、第２号被保険者は、特定疾病が原因で要支援・要介護状態になった場合のみ、介護保険によるサービスを受けることができます。ここで「特定疾病」とは、末期ガンや関節リウマチなど、加齢に起因する疾病のことをいいます。

　介護保険の保険者は市町村です。介護保険を利用するには、最初に市町村による要介護認定を受ける必要があります。要介護認定の申請は、自らが居住する市町村に行います。市町村が要介護認定または要支援認定をすると、被保険者はサービスを利用することができます。

● **介護保険のしくみ**

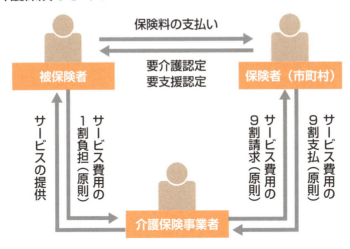

介護保険との共通のサービスとは

　介護保険において受けることができるサービスは、訪問系サービスから通所系サービス、居住系サービスまで、さまざまなものがあります。たとえば、ホームヘルパーが自宅まで来て、身体介護を行う訪問系サービス（居宅介護）があります。このサービスは、障害者総合支援法に基づく障害福祉サービスにも同様のもの（居宅介護）があります。そのため、要介護認定・要支援護認定を受けた者が、障害者として障害福祉サービスを受ける地位をあわせもつこともあります。

　この場合、どちらのサービスを受けることができるのか、制度の優先関係が問題になります。

障害者福祉制度と介護保険の優先関係

　障害福祉サービスを含めた障害者福祉制度と介護保険の優先関係について、両制度に共通するサービスについては、原則として介護保険を優先することにしています。利用者側の申請がなくても、地方公共団体の判断によって介護保険を優先させることができます。

障害者福祉制度と介護保険に共通しているサービスとして、①介護給付、②予防給付、③市町村特別給付があります。そして、障害者福祉制度と介護保険に共通するサービスを受けることができる場合において、障害者から障害福祉サービスの利用申請があったとき、申請を受けた市町村は、障害福祉サービスに相当する介護保険によるサービスの提供によって、申請者が適切な支援を受けることができると判断した際に、介護保険によるサービスを優先的に提供します。

　もっとも、介護保険によるサービスのみでは不足する場合は、そのサービスに相当する障害福祉サービスを上乗せして利用することを認めるなど、柔軟な対応ができるようになっています。

　補装具についても、介護保険によるサービスと障害福祉サービスで共通する場合、原則として介護保険によるサービスが優先します。たとえば、車いす、歩行器、歩行補助つえなどを障害者が必要とする場合は、介護保険による給付が優先します。

　しかし、補装具について、障害者に合った個別の対応が必要であると医師や身体障害者更生相談所などが判断した場合は、障害者総合支援法による補装具費の支給をすることもできます。これは、利用者に応じた柔軟な対応だといえます。

障害者福祉制度にしかないサービスとは

　障害者福祉制度によるサービスと介護保険によるサービスは、完全に一致しているわけではありません。障害者福祉制度にしかないサービスとして、同行援護、行動援護、自立訓練、就労移行支援、就労継続支援などがあります。これらのサービスを受ける場合は、障害者総合支援法による介護給付費などの支援を受けることができます。たとえば、視覚障害者による歩行訓練については、障害者総合支援法による訓練等給付費を受けることができます。

● 障害者福祉制度と介護保険の優劣関係 ‥‥‥‥‥‥‥‥‥‥

【優劣関係の原則】
共通するサービスについては介護保険が優先する

- ①介護給付（要介護の認定を受けた者に支給）
- ②予防給付（要支援の認定を受けた者に支給）
- ③市町村特別給付

【補装具について】

原則　介護保険サービスが優先する
（例）車いす、歩行器、歩行補助つえなど

例外　医師や身体障害者更生相談所などが個別の対応が必要であると判断した場合

⇒ 障害者総合支援法による補装具費の支給が可能

■ 介護保険サービスを受ける場合

　介護保険サービスを受けるには、利用希望者が、市町村に要介護認定申請を行います。その後、市町村が認定調査を行います。認定調査とは、申請者の家庭訪問や申請者への質問などにより、要介護状態か否か、どの程度の要介護状態にあるかを調査するものです。認定調査において作成された認定調査書と医師の意見書を用いて、コンピュータが分析し、コンピュータによって要介護状態・要支援状態・非該当のいずれかの判定が行われます。非該当とは、要介護状態や要支援状態のどちらでもないことを意味します。これが1次判定です。

　さらに、介護認定審査会による審査を経て、最終的に2次判定が行われます。2次判定の結果は申請者に通知されます。介護認定は、非該当、要支援1～2、要介護1～5の8種類があり、支援や介護の必要度に応じて判定されます。要介護1～5の認定を受けた者は、介護給付のサービスを受けることができます。要支援1～2の認定を受けた者は、予防給付のサービスを受けることができます。非該当の認定を受けた者は、地域支援事業のサービスを受けることができます。

第1章 ● 障害者を支援する法律の全体像　　39

10 高齢障害者とサービス利用料の軽減

なぜ利用料を軽減する措置が必要なのか

　前述したように、障害福祉サービスと介護保険によるサービスは、共通する部分があります。障害福祉サービスを利用していた者が、65歳に達したとの理由から、介護保険によるサービスも利用できることになった結果、両方のサービスの対象となる場合は、原則として介護保険によるサービスを優先して利用しなければなりません。

　もっとも、低所得者の利用料について、介護保険によるサービスは利用料の1割を自己負担するのが原則であるのに対し、障害福祉サービスは自己負担がないのを原則としています。そのため、65歳に達したことで、障害福祉サービスから介護保険によるサービスに移行した途端、自己負担が発生するという問題が起こります。

　そこで、低所得者であるなど、一定の要件を満たした高齢障害者の介護保険の利用者負担の軽減（償還）に関する制度が設けられています。償還とは、利用者がいったん自己負担額を支払い、その後に市町村から払戻しを受けることをいいます。利用者負担の軽減は、介護保険の円滑な利用ができるように定められた特例だといえます。

どのような人が対象になるのか

　高齢障害者が利用料負担の軽減を受けるためには、次の①〜⑤の要件をすべて満たすことが必要です。
① 65歳に達する前日までの5年間にわたり、介護保険によるサービスに相当する障害福祉サービスの支給決定を受けていること
② 65歳以降に障害福祉サービスに相当する介護保険によるサービスを受けていること

● **低所得の高齢障害者の利用料軽減のしくみ**

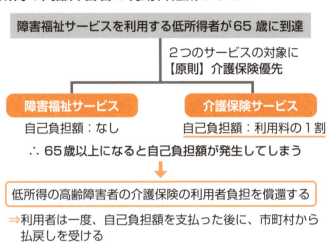

③ 生活保護受給者または一定の低所得者に該当すること
④ 65歳に達する前日までに障害支援区分が2以上であること
⑤ 65歳まで介護保険によるサービスを利用していないこと

　利用者負担の軽減は、障害福祉サービスを長期間使用していた低所得者が対象であるため、すべての障害者が対象となるわけではありません。65歳に達する前日までの5年間にわたり、入院などにより障害福祉サービスの支給決定を受けることができないなどの理由があった場合は、①の要件を満たさなくても、②～⑤の要件をすべて満たしていれば、利用料負担の軽減を受けることができます。

　利用者負担の軽減の対象となる介護保険サービスは、訪問介護、通所介護、地域密着型通所介護、短期入所生活介護、小規模多機能型居宅介護です。また、同じ事業所が障害福祉サービスと介護保険によるサービスの両方を提供することができる「共生型サービス」も創設されています。これらの制度によって、障害福祉と介護福祉の垣根を超えた柔軟なサービスが提供され、障害者が高齢になっても、地域を離れずに住み続けていくことができます。

Column

医療的ケアを要する障害児に対する支援

　身体障害児や知的障害児はイメージできるものの、医療的ケアを要する障害児（医療的ケア児）のイメージができないという人は多いと思います。医療的ケア児とは、日常的に経管栄養やたん吸引などの医療的な措置を必要とする障害児をいいます。経管栄養とは、飲み込む力が弱く、口から食事を摂ることができないため、胃から直接または鼻などから栄養を送ることです。また、障害により、唾や鼻水を咳で外に出したり、飲み込んだりすることができない場合は、たん吸引を行う必要があります。

　医療的ケア児への支援が問題になった背景として、医療の発達があります。医療的ケア児の9割がNICU（新生児集中治療室）に入院経験があるといわれています。これまでは出生時の障害や疾患で亡くなっていた子どもが、医療の発達により医療機器を使いながら生きることが可能になったと考えることができます。

　医療的ケア児は、障害福祉サービスだけでは対応しきれない場合が多く、地方公共団体を中心に、福祉、医療、保健、保育、教育など地域全体で支えていく必要があります。2016年に成立した障害者総合支援法や児童福祉法の改正により、地方公共団体が医療的ケア児への支援について連携して対応するよう努めることになりました。

　たとえば、保健関係においては、乳幼児健診で医療的ケア児を把握した場合、市町村の担当課に情報提供を行うとともに、その保護者にも必要な情報を提供するよう努めることが求められます。障害福祉関係においては、医療的ケア児を受け入れることができる事業所を計画的に確保するよう努めることも求められます。その他、連携を推進するための協議の場の設置も考えられます。

第2章
障害福祉サービスのしくみ

1 自立支援給付

介護給付と訓練等給付が自立支援給付の中心である

障害者総合支援法は、障害者等（障害者や障害児）の自立を支援する制度として、自立支援給付と地域生活支援事業を設けています。

自立支援給付とは、利用者の状態や需要に合わせて、個別に給付されるサービスです。自立支援給付には、さまざまな種類がありますが、その中心になるのが介護給付と訓練等給付です。

介護給付とは、居宅介護、重度訪問介護、同行援護、短期入所、生活介護など、障害者等の日常生活において必要になる介護サービスです。介護給付を受けたときに支給される費用を介護給付費といいます。

これに対し、**訓練等給付**とは、自立訓練、就労移行支援、就労継続支援、就労定着支援、共同生活援助など、障害者の特徴に合わせて、社会の一員として生活することができる能力が身につくように、または生活能力を向上させることができるように、さまざまな訓練をするサービスです。訓練等給付を受けたときに支給される費用を訓練等給付費といいます。

介護給付と訓練等給付の両者は、まとめて「障害福祉サービス」に含まれます。障害福祉サービスは、障害者等が人として尊重されている社会で生活し、自立する上でとても重要な役割をもっているため、全国どこでも同じ内容のサービスを受けることができます。

障害福祉サービスを提供する事業所は、利用者に合わせたサービスを提供するため、個別支援計画を作成しなければなりません。その後は、利用者に合った支援がなされているか、定期的に個別支援計画を見直すようになっています。

● 自立支援給付のしくみ

障害福祉サービス

自立支援給付		
	介護給付費	介護給付 を受けたときに支給される費用
	訓練等給付費	訓練等給付 を受けた場合に支給される費用
	自立支援医療費	自立した日常生活や社会生活に必要な医療の提供を受けたときに支給される費用
	補装具費	義肢や車いすなど補装具の購入・修理の際に支給される費用
	高額障害福祉サービス等給付費	障害福祉サービスなどの利用者負担が著しく高額になった場合に支給される費用
	特定障害者特別給付費	障害者の所得の状況などを考慮して支給される費用

▌介護給付と訓練等給付以外のサービス

　自立支援給付については、介護給付と訓練等給付以外にも、さまざまなサービスがあります。たとえば、障害者が自立した日常生活や社会生活に必要な医療の提供を受けたときに支給される費用を**自立支援医療費**といい、義肢や車いすなど補装具の購入・修理をした場合に支給される費用を**補装具費**といいます。その他にも、障害福祉サービスの利用者負担が著しく高額になった場合に支給される費用を**高額障害福祉サービス等給付費**といい、障害者の所得などを考慮して支給される費用を**特定障害者特別給付費**といいます。

　なお、法律上の分類ではありませんが、障害福祉サービスの分類方法として、サービスの内容に合わせた分類を用いることがあります。具体的には、居宅介護、重度訪問介護、同行援護などの訪問系サービス、短期入所、生活介護などの日中活動系サービス、共同生活援護などの居住系サービスの3つに分類することがあります。

第2章 ● 障害福祉サービスのしくみ　　**45**

2 居宅介護

サービスの内容

　居宅介護とは、日常的な介護を提供するサービスです。日常的な介護には、食事や入浴などの介護が含まれます。居宅介護は、介護給付にあたります。そのため、居宅介護を受けた場合、自立支援給付のうち介護給付費の支給を受けることができます。また、サービスの内容に基づく分類によれば、訪問系サービスにあたります。

　居宅介護は、大きく分けて4つの種類があります。①食事や入浴などの行為を助ける身体介護、②調理や洗濯など家庭生活を営むための行為を助ける家事援助、③病院や公的手続など外出を助ける通院等介助、④病院などに行くためのタクシーの乗車や降車を助ける通院等乗降介助です。これらの居宅における行為は、1人の人間として生活していく上で重要な要素です。また、障害者や障害児の社会参加を進めるために重要な基盤となります。

どんな特徴や問題点があるのか

　居宅介護を利用することができるのは、18歳以上の場合、障害支援区分1以上の者です。利用可能な時間帯は、障害支援区分と介護者の状況によって、月0.5～186時間の範囲内で決められます。とくに、通院等介助については、障害支援区分2以上であることに加え、認定調査項目で「歩行」が「できない」に該当するか、「移乗」「移動」「排尿」「排便」のいずれかが「見守りなど」「一部介助」「全介助」に該当することが必要です。

　これに対し、18歳未満の場合、身体障害者手帳所持者や精神障害者などの障害児であれば、居宅介護を受けることができます。

46

● 居宅介護のしくみ

居宅介護の対象	対象となるための要件
18歳以上 （障害者）	・障害支援区分1以上 ・利用可能な時間：介護者の状況に応じて 　月0.5 ～ 186時間 ※通院等介助は障害支援区分2以上の者 　調査項目で歩行不能などに該当する必要がある
18歳未満 （障害児）	身体障害者手帳所持者や精神障害者などの 障害児

居宅介護の内容	具体例
① 身体介護	食事・入浴などの介助
② 家事援助	調理・洗濯などの介助
③ 通院等介助	病院や公的手続などの外出の介助
④ 通院等乗降介助	病院などに行くためのタクシーの乗降の介助

　居宅介護は、障害者や障害児の生活の基礎となる部分を助けるサービスであるため、非常に重要な介護サービスです。そのため、全国どのような場所においても、居宅介護を受けられるように整備されている必要があります。

　しかし、中山間地域など介護サービスを提供することが難しい地域もあります。中山間地域などでは、介護者を利用者のもとに送り届けることが困難であるなど、通常よりも費用が多くかかることが想定されます。その場合、障害福祉サービスの事業者が、中山間地域などでは居宅介護サービスを提供したがらないという懸念があります。また、経営的観点から、1人の障害者や障害児へのサービスの質が低くなっても、数多く居宅介護をこなせば、多くの利益を得ることができると判断するおそれも否定できません。

　そこで、居宅介護サービスの不提供や、その質の低下を防ぐため、中山間地域などに居住する者に対して居宅介護サービスを提供した際に、一定割合を加算して報酬を算定することが認められています。

第2章 ● 障害福祉サービスのしくみ　　**47**

3 重度訪問介護

サービスの内容

重度訪問介護とは、障害により肢体が不自由な者が利用できるサービスです。重度訪問介護は、介護給付にあたります。そのため、自立支援給付の介護給付費の支給を受けることができます。またサービス内容に基づく分類によれば、訪問系サービスにあたります。

重度訪問介護は、生活の基礎となる部分を助けるものであり、非常に重要なサービスです。

具体的なサービス内容は、居宅介護と同様に、身体介護や家事援助などがあります。また、障害者の外出を全面的にサポートする移動介護や、日常的に生じる介護に対応する見守りも行われます。

どんな特徴や問題点があるのか

重度訪問介護を受けるためには、重度の障害があり、常に看護を必要とする障害者でなければなりません。そのため、障害支援区分4以上という要件を満たすことに加え、以下の①と②のどちらかの要件を満たすことが必要とされています。

① 2肢以上に麻痺などがある

② 障害支援区分の認定調査項目のうち行動関連項目（意思表示、説明理解、多動・行動停止、自傷行為、他傷行為、てんかん発作など）の合計点数が10点以上であること

①は身体障害を想定し、②は知的障害や精神障害を想定していることから、重度訪問介護は身体障害に限定されていません。

知的障害者や精神障害者の場合は、身体障害者とは異なったサービスの提供が考えられます。知的障害者や精神障害者の場合、生活面に

● 重度訪問介護のしくみ ……………………………………………

おもに提供される サービスの例	身体介護
	家事援助
	移動介護
	日常的に生じる介護に対応する 見守り
重度訪問介護を 受けるための要件	障害支援区分４以上で、かつ以下の①② のいずれかを満たす必要がある ① ２肢以上に麻痺などがある ② 障害支援区分の認定調査項目のうち 　　行動関連項目の合計点数が１０点以上 ※医療機関に入院している場合もサービスを 　受けられる

おける介護よりも、自傷・他傷行為をすることや、集団行動が困難であることなど、おもに行動障害への介護が必要となるからです。そのため、障害に応じた計画を作成する他、支援者に対する研修の機会を設けるなど、障害ごとの対応ができるようになされています。

　かつては重度訪問介護のサービスを受けている者が医療機関に入院すると、重度訪問介護のサービスが受けられないことになっていました。そのため、重度訪問介護のサービスを受けている者が入院した場合、病院における介護のみを受け、入院するまで介護をしてくれていたヘルパーからの介護は受けられませんでした。医療機関などの介護がしっかりしていても、以前から介護を継続し、障害者や障害児の特徴を熟知しているヘルパーだからこそできる介護もあります。とくに重度訪問介護を受けるような障害者にとっては、自らの障害や身体などの特性を熟知しているヘルパーの存在は重要です。

　そこで、2018 年４月から、重度訪問介護のサービスを受けている者は、介護方法や本人に合った環境などを医療従事者に伝達することによって、医療機関においても、引き続き重度訪問介護のサービスを受けることができるようになりました。

第２章 ● 障害福祉サービスのしくみ　　**49**

4 同行援護

サービスの内容

同行援護とは、視覚障害によって移動が著しく困難な者に対し、移動が容易になるよう支援するサービスです。同行援護も自立支援給付の介護給付にあたり、介護給付費の支給対象となるサービスです。サービスの内容に基づく分類によれば、訪問系サービスにあたります。

現在では、点字ブロックなどの整備が進み、全国の主要な道路や駅構内には視覚障害者の移動を容易にする整備がなされています。しかし、点字ブロックを整備しても視覚障害者にとって十分な環境整備がなされているとはいえません。そこで、同行援護は、視覚障害者が1人の人間として社会で生活ができるよう移動を援護します。

サービスには、外出などによる移動時に視覚的な情報を提供することがあります。この情報提供には、代筆や代読が含まれます。また、視覚的な情報提供だけでなく、移動や外出の際に必要となる援護や援助も含まれます。たとえば、排せつや食事の援助、外出の前後における身支度の援護などです。視覚障害者は外出や移動における視覚的情報不足だけでなく、外出や移動にともなうその他の動作においても不自由することが考えられます。そのため、同行援護は、視覚的な情報提供にとどまらず、外出や移動にともなうその他の援護や援助をすることにより、より外出や移動を支援できるようになされています。また、宿泊をともなう外出でも利用できます。

移動支援事業との違いや同行援護を受けるための要件

同行援護に類似するサービスとして、市町村が行う地域生活支援事業の必須事業のひとつである移動支援事業があります。移動支援事業

● 同行援護のしくみ

サービス内容
- 外出などの移動時の視覚的な情報提供
  ⇒代筆や代読も視覚的情報に含まれる
- 移動や外出時の必要な援護・援助
  ⇒排せつ・食事の援助、外出前後の身支度の援護 など（宿泊をともなう外泊の場合も含む）

同行援護を受けるための要件 視覚障害により移動に著しい困難がある障害者など
- 視覚障害の身体障害者手帳を所持している（同程度の障害を持つ児童を含む）
- 同行援護アセスメント調査票の調査項目中、「視力障害」「視野障害」「夜盲」のいずれかが1点以上、かつ「移動障害」の点数が1点以上
- 身体介護をともなう場合、障害支援区分が2以上で、かつ認定調査項目において歩行不能、移動介助などの認定が必要

は、視覚障害に限定せず、外出が難しい障害者や障害児に対する移動の支援に特化した事業です。しかし、同行援護は、視覚障害者のみを対象とし、移動の支援にとどまらず、視覚情報を提供することも目的にしているという違いがあります。

　同行援護を受けるためには、視覚障害により、移動に著しい困難を有する障害者等（障害者や障害児）でなければなりません。具体的には、視覚障害の身体障害者手帳を所持するか、同程度の障害がある児童であることが必要です。さらに、同行援護アセスメント調査票の調査項目中、「視力障害」「視野障害」「夜盲」のいずれかの点数が1点以上で、かつ「移動障害」の点数が1点以上でなければなりません。

　そして、身体介護をともなう場合は、障害支援区分が2以上であることに加え、障害支援区分認定調査項目のうち「歩行」が「できない」などの認定を受けることが必要になります。

　なお、通勤などの経済活動にかかわる外出、通年・長期の外出、社会通念上適当でない外出には、同行援護の利用ができません。

5 行動援護

サービスの内容

　行動援護とは、知的障害者や精神障害者（知的障害や精神障害のある障害児も含みます）のうち、行動に著しく困難があり、常に介護を必要とする者が利用できるサービスをいいます。行動援護も自立支援給付の介護給付にあたり、介護給付費の支給対象となるサービスです。サービスの内容に基づく分類によれば、訪問系サービスにあたります。

　知的障害者や精神障害者は、障害の種類や重度によっては、自ら症状をコントロールできなくなる場合があります。たとえば、てんかんを患っている者は突然の発作をコントロールできない場合があります。また、障害による症状のコントロールだけでなく、徘徊や自傷行為など行動のさまざまな面においてコントロールできないこともあります。自分自身の行動がコントロールできなければ、自らの意思で自由に行動することは困難となります。そこで、行動援護により、知的障害者や精神障害者も社会生活が十分にできるよう支援がなされます。

　行動援護は、行動の時に生じる危険を回避するための援助を受けることを内容としています。行動援護においては、あらかじめ目的地での行動などを理解させる予防的対応と、起こってしまった問題行動を適切に収める等の制御的対応の２つが重要です。初めての場所など知らないところに行くと発作などの症状が出る可能性がある場合、予防的対応により、問題行動の発出を防ぐような援助をします。これに対し、発作が起きたときは、制御的対応により、発作を抑えるような援助をします。この２つをうまく対応させることにより、個々に合った行動援護をすることができます。また、外出時の移動の介助や食事・排せつの介護など通常の身体的介護も受けることができます。

52

● 行動援護のしくみ

【サービスの内容】行動の時に生じる危険回避のための援助

① 予防的対応 ⇒事前に目的地での行動などを理解させる
※初めての場所などで発作症状や
問題行動が生じることの防止

② 制御的対応 ⇒発作や問題行動が生じた場合における発作
の抑制や問題行動の収拾
※身体的介護（食事・排せつの介護）も含む

【行動援護を受けるための要件】
- 知的障害者・精神障害者のうち障害支援区分が3以上
- 障害支援区分の認定調査項目のうち行動関連項目の合計点数が10点以上

■ 行動援護を受けるための要件など

行動援護を受けるためには、知的障害・精神障害のある者で、かつ障害支援区分が3以上であることが必要です。さらに、障害支援区分の認定調査項目のうち行動関連項目（意思表示、説明理解、多動・行動停止、自傷行為、他傷行為、てんかん発作など）の合計点数が10点以上でなければなりません。

重度の知的障害者や精神障害者に対するサービスは、通常のサービスより困難な場合があります。また、同じ種類の障害であっても、発作や問題行動が生じる原因や対処法は、障害者や障害児ごとに異なります。そのため、サービスの提供側も行動援護をするのに十分な知識や経験を有していなければ、安全にサービスを提供することができません。そこで、サービスの提供側（サービス提供責任者や従業者）には厳しい条件が課せられています。たとえば、サービス提供責任者になるには、行動援護従事者養成研修などの修了後、3年以上の知的障害者や精神障害者の直接処遇経験が条件になっています。

第2章 ● 障害福祉サービスのしくみ　53

6 重度障害者等包括支援

サービスの内容

重度障害者等包括支援とは、常時介護を要するなどの状態の者が、さまざまなサービスを包括的に利用できるサービスです。重度障害者等包括支援も自立支援給付の介護給付にあたり、介護給付費の支給対象となります。また、サービス内容で分類すると訪問系サービスにあたります。

障害者総合支援法が規定する複数のサービスを利用するためには、個別にサービスを申し込まなければなりません。重度の障害を負っている者は、1つのサービスだけでなく、複数のサービスを必要とする場合があります。このような場合も、利用を希望するサービスごとに申込みが必要であれば、手続きが煩雑となります。そこで、重度障害者等包括支援は、個別に申し込む手続きの煩雑さを解消するために規定されました。

重度障害者等包括支援の対象になるサービスは、居宅介護、重度訪問介護、同行援護、行動援護、生活介護、短期入所、自立訓練、就労移行支援、就労継続支援、共同生活支援などです。これらのサービスの中から、個々に合った計画に基づき、サービスを組み合わせて利用することができます。

重度障害者等包括支援を受けるための要件など

重度障害者等包括支援を受けるためには、障害により常に介護が必要な状態にあり、意思疎通を図ることが著しく困難であることが必要です。さらに、四肢の麻痺や寝たきりの状態にある者であるか、知的障害や精神障害により行動が著しく困難な者でなければなりませ

● 重度障害者等包括支援のしくみ

常に介護が必要で、意思疎通を図ることが著しく困難な者

重度障害者

- 障害支援区分6に該当
- 四肢すべてに麻痺などがあり、寝たきり状態にある障害者のうち、人工呼吸器による呼吸管理を行っている身体障害者または重症心身障害者など

さまざまなサービスの申込み・利用における手続きの煩雑さを解消できる
∵本来はサービスを利用する場合、個別の手続きが必要になる

〈利用可能なサービス〉
居宅介護、重度訪問介護、同行援護、行動援護、生活介護、短期入所、自立訓練、就労移行支援、就労継続支援、共同生活支援
⇒ 障害者の状況に応じて組み合わせて利用することができる

ん。具体的には、障害支援区分が6にあたり、意思疎通が著しく困難である者のうち、①人工呼吸器による呼吸管理を行っている身体障害者（Ⅰ類型）、②重症心身障害者（Ⅱ類型）、③強度行動障害がある者（Ⅲ類型）、のいずれかにあたることが必要です。たとえば、筋ジストロフィーやALSの患者は、原則としてⅠ類型にあたります。

重度の障害を負っている者にとって、日常的な介護は非常に重要です。重度障害者等包括支援によって、さまざまなサービスを柔軟に利用できることから、重度の障害を負っている者にとって不可欠なサービスだといえるでしょう。しかし、重度障害者等包括支援を十分に提供するのは容易でありません。個々の需要に合ったサービスを提供するには、さまざまなサービスに対応可能な人材や施設が必要です。とくに重度障害者を支援するには、高い経験や知識がある人材や、高度な設備が必要であって、人材や施設を1つの事業所で確保するのは容易ではありません。そのため、重度障害者等包括支援を実施する事業所は多いとはいえず、地域によるサービスの利用のしやすさにも格差が生じているのが実状です。

第2章 ● 障害福祉サービスのしくみ

7 短期入所

サービスの内容

　短期入所とは、普段は自宅で介護を受けている障害者等（障害者や障害児）が、施設に短期間入所して介護・支援を受けることができるサービスのことで、一般に「ショートステイ」と呼ばれています。短期入所は、自立支援給付の介護給付にあたり、介護給付費の支給対象となるサービスです。また、サービス内容で分類すると訪問系サービスにあたります。

　自宅で介護を受けている障害者等は、家族の介護を受けている者が少なくありません。しかし介護をする家族が365日ずっと介護を継続するのは困難です。そこで、短期入所は、普段は自宅で家族による介護を受けている者が、一時的に介護を受けることができない場合に、短期入所によって介護を継続的に受けることを可能にしています。サービスの内容としては、食事、入浴、着替え、排せつなどを必要に応じて受けることができます。

どんな人が対象になるのか

　短期入所のサービスには、福祉型と医療型の2つのタイプがあり、それぞれサービスの対象になる者が異なります。

　福祉型は、おもに障害者支援施設で実施される短期入所です。福祉型の施設で短期入所を受けるには、障害支援区分1以上の障害者でなければなりません。障害児の場合は、必要とする支援の度合いに応じ、厚生労働大臣が定める区分における区分1以上に該当する障害児でなければなりません。これに対し、医療型は、病院、診療所、介護老人保健施設で実施される短期入所です。医療型の施設で短期入所を受け

● 短期入所のしくみ

提供する施設	①福祉型	おもに障害者支援施設で実施される短期入所 【対象】 ・障害支援区分1以上の障害者 ・厚生労働大臣が定める区分における区分1以上に該当する障害児
	②医療型	病院、診療所、介護老人保健施設で実施される短期入所 【対象】 ・遷延性意識障害者・障害児 ・ALSなどの運動ニューロン疾患の分類に属する疾患を持つ者 ・重症心身障害者・障害児
短期入所施設の形態	①併設型事業所	入浴・排せつの介護などが可能な短期入所と一体的に運営できる入所施設
	②空床利用型事業所	入所者が利用していない居室がある障害者支援施設で短期入所事業を行う
	③単独型事業所	障害者支援施設以外の施設で短期入所を行う

るには、遷延性意識障害者・障害児、ALSなどの運動ニューロン疾患の分類に属する疾患を持つ者であるか、重症心身障害者・障害児にあたる者などであることが必要です。

　短期入所の事業所の形態も3つに分類することができます。具体的には、①入浴・排せつ・食事などの介護を行うことができる入所施設に併設され、短期入所と一体的に運営を行う併設型事業所、②全部あるいは一部の入所者に利用されていない居室がある障害者支援施設を利用して短期入所を行う空床利用型事業所、③障害者支援施設以外の施設で短期入所を行う単独型事業所があります。

　短期入所の利用日数は、各市町村の判断によって決定されます。また、すぐに利用する予定がない場合であっても、事前に利用申請をしておくことができます。

第2章 ● 障害福祉サービスのしくみ　57

8 療養介護

サービスの内容

療養介護とは、医療的ケアとともに、受けることができる介護サービスのことをいいます。療養介護は、自立支援給付の介護給付にあたり、介護給付費の支給対象となるサービスです。また、サービスの内容で分類すると、日中活動系サービスにあたります。

障害者総合支援法は、障害者に自らの住み慣れた地域で、支援を受けながら、その地域で生活していくというあり方を1つの目標としています。しかし、障害者の中には、医療機関において、医学的な看護や介護を受けなければ生活していけない者もいます。このような障害者には、医療機関において療養を続けながら、介護サービスを受けることができるようにする必要があります。

たとえば、旧国立療養所（現在の独立行政法人国立病院機構に属する全国の病院をさします）は、筋ジストロフィーという難病の治療に集中するため、1964年に筋ジストロフィーを治療するための病棟を全国10か所に創設しました。その後、筋ジストロフィーの患者は、医療技術の進歩により、病棟創設時よりも長く生きることができるようになりました。これにともない、筋ジストロフィーの患者は、社会生活に戻って自立した生活をしたり、医療機関で治療を続けながら生活をするなど、生き方を選択できるようになったのです。

このように、たとえ難病による障害がある人でも、その障害の状況によっては、自らの生き方を選択できます。加えて、介護サービスを適切に受けることができれば、さらに障害者のさまざまな生き方を実現することができます。障害者総合支援法が、医療機関に残って生活する者には療養介護を、自立した生活をする者には重度障害者等包括

● 療養介護のしくみ

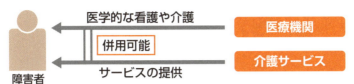

支援などを用意したのは、障害者の生き方の選択を保障するためです。サービスの内容は、医学的な管理の下での介護や食事・入浴の介助、また、医療機関で行われる機能訓練などがあります。

どんな人が対象になるのか

　療養介護を受けるには、医療機関での医療ケアを必要とし、常時の介護を必要とする身体障害者や知的障害者でなければなりません。具体的には、①ALS患者など、気管切開をともなう人工呼吸器による呼吸管理を行っている者であって、障害支援区分6の者、②筋ジストロフィー患者または重症心身障害者であって、障害支援区分5以上の者でなければなりません。

　なお、障害福祉サービスなどの支給決定の有効期間は、最長1年とするものが多いのに対し、療養介護の支給決定の有効期間は、後述する生活介護とともに、最長3年と比較的長くなっています。そして、少なくとも6か月ごとにモニタリング（実施状況の把握）が行われ、サービスの利用計画が見直されます。

9 生活介護

サービスの内容

　生活介護は、障害者支援施設などに通うことで受けることができるサービスです。生活介護は、自立支援給付の介護給付にあたり、介護給付費の支給対象となります。また、サービスの内容で分類すると日中活動系サービスにあたります。

　障害者が1人の人間として尊重され、安心して社会で生きていくためには、その障害者に合った介護サービスを受ける必要があります。それだけでなく、能力の許す限りで創作的活動や余暇活動などをすることで、その人格を形成・発展させることができます。障害者にさまざまな活動を保障することは、障害者が等しく社会で生きていくことの保障につながります。

　生活介護は、創作的活動、余暇活動、身体機能の向上のための支援です。創作的活動には、木工制作や、陶芸・絵画などの作成があります。余暇活動には、カラオケや映画鑑賞などがあります。身体機能の向上には、リハビリの支援などがあります。

　施設が提供する創作的活動や生産活動は、自主製作のものだけでなく、企業から請け負う内職の場合もあります。

　もちろん、創作的活動や余暇活動などだけでなく、食事や排せつなどの介護や、日常生活上の支援を受けることもできます。

どんな人が対象になるのか

　生活介護を利用できるのは、原則として、自宅や入所施設などにおいて安定した生活を営むために常時介護などの支援を必要とする者でなければなりません。さらに、以下の①〜③のいずれかにあたる者で

● **生活介護のしくみ**

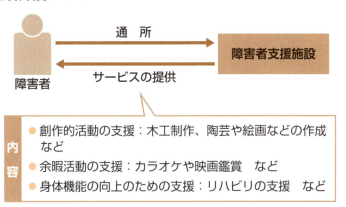

あることが必要です。施設入所者も生活介護の対象になります。
① 障害支援区分3以上にあたる者。ただし、障害者支援施設などに入所する場合は、障害支援区分4以上である者
② 年齢50歳以上の場合は、障害支援区分2以上の者。ただし、年齢50歳以上の場合で障害者支援施設などに入所する場合は、障害支援区分3以上である者
③ 障害者支援施設に入所する者で障害支援区分が4より低い者（年齢50歳以上の場合は障害支援区分が3より低い者）のうち、市町村が利用の組み合わせの必要性を認めた者

注意すべき点は、生活介護は障害者のみを対象とし、障害児は対象としていないことです。この点は療養介護と共通しています。障害児については障害児通所支援（⇨P.146）があるからです。

上記の①～③の要件からわかるように、生活介護は幅広い年齢層が利用することができるような枠組みが作られています。もっとも、障害の内容や程度、障害者の状況によって、できる作業は異なります。そのため、個々の障害者に合った作業ができるよう柔軟に対応することが求められます。

10 施設入所支援

サービスの内容

　施設入所支援とは、夜間に日常生活の介護や支援を受けることができるサービスです。施設入所支援は、自立支援給付の介護給付にあたり、介護給付費の支給対象となります。また、サービスの内容で分類すると居住系サービスにあたります。

　かつては障害者が入所する施設として「更生施設」「療護施設」などがありました。しかし、施設に入所すると、入所した施設で実施されている訓練しか受けることができませんでした。そのため、入所介護が必要であっても、自分に合った訓練などを受けることができないというケースがありました。反対に、訓練などは支援しているが、入所する機能がない施設もありました。このような施設に通う障害者は、とくに夜間において十分な介護を受けることができませんでした。

　そこで、個々の障害者に合った訓練などや介護サービスを双方とも受けることができるように、施設入所支援が導入されました。

　サービスの内容は、居住の場の提供、入浴・排せつなどの介助、生活に関する相談や助言などがあります。また、施設入所支援は、生活介護、自立訓練、就労移行支援などの日中活動系サービスと組み合わせて利用するため、日中は他の施設で日中活動系サービスを受け、夜間は施設に戻って施設入所支援を受けることを想定しています。

どんな人が対象になるのか

　施設入所支援の対象となるのは、介護が必要である者や、通所が困難な自立訓練などの利用者です。具体的には、以下の①～④のいずれかにあたる者が対象者になります。

● 施設入所支援のしくみ

障害者

昼間	生活介護・自立訓練・就労移行支援などを受ける
夜間	施設入所支援を受ける

〈サービス内容〉 住まいの提供、入浴・排せつなどの介助、生活に関する相談や助言　など

【対象者】おもに以下の①または②のいずれかにあたる障害者
① 生活介護の利用者のうち、障害支援区分が4以上の者（50歳以上の場合は障害支援区分が3以上でよい）
② 自立訓練や就労移行支援の利用者のうち、入所しながら訓練などを受けることが必要かつ効果的であると認められる者

① 生活介護の利用者のうち、障害支援区分が4以上の者。ただし、50歳以上の場合は、障害支援区分が3以上の者
② 自立訓練や就労移行支援の利用者のうち、入所させながら訓練などを実施することが必要かつ効果的と認められる者であるか、地域における障害福祉サービスの提供体制の状況などにより通所によって訓練などを受けることが困難である者
③ 障害支援区分が4より低く（50歳以上の場合は障害支援区分が3より低い者）、市町村が利用の組み合わせの必要性を認めた者
④ 就労継続支援B型を受けている者のうち、市町村が利用の組み合わせの必要性を認めた者

なお、障害児については障害児入所支援（⇨ P.146）があるため、施設入所支援は障害者のみを対象とし、障害児は対象としていません。

その他、施設入所支援は相談支援のひとつである地域移行支援の対象で、サービスの利用計画の作成にあたって障害者の地域移行も想定されます。そのため、利用計画を作成・実施する際は、個々の障害者に適した生活がどのようなものか、望ましい支援とはどのようなものかを考慮することが求められます。

11 自立訓練

サービスの内容

　自立訓練とは、生活能力の維持・向上のための支援を受けることができるサービスです。自立訓練は、自立支援給付の訓練等給付にあたり、訓練等給付費の支給対象となります。また、サービスの内容で分類すると日中活動系サービスにあたります。

　障害者総合支援法は、障害者が社会で生きていくためのさまざまな介護サービスを用意しています。しかし、介護サービスを受けるだけでは、障害者が自ら希望する生活を手に入れることができるとは限りません。障害者が自ら希望する生活を手に入れるためには、日常生活について自分自身で行うことができるようになることが必要になる場合もあります。

　そこで、自立訓練においては、障害者が自ら望む生活を手に入れられるように、その生活能力の維持・向上を支援します。自立訓練には、機能訓練と生活訓練の2種類があります。

　機能訓練は、身体障害のある障害者に対し、障害者支援施設などが支援するサービスです。理学療法や作業療法などの身体的リハビリテーションや、日常生活上の相談・支援などを行います。

　生活訓練は、知的障害や精神障害のある障害者に対し、障害者支援施設などが支援するサービスです。たとえば、食事や家事などの日常生活能力を向上するための支援や、日常生活上の相談・支援などを行います。

どんな人が対象になるのか

　機能訓練の対象となるのは、地域生活を営む上で、身体機能・生活

● 自立訓練のしくみ

自立訓練

機能訓練
身体障害者や難病患者に対して障害者支援施設などが支援するサービス
（例）理学療法や作業療法　など

【対象】身体障害者、難病患者
【標準利用期間】18か月

生活訓練
知的障害者・精神障害者に障害者支援施設などが支援するサービス
（例）食事や家事といった日常生活能力を向上するための支援　など

【対象】知的障害者、精神障害者
【標準利用期間】原則24か月（長期入所者などは36か月に延長可）

能力の維持・向上などのため、一定の支援が必要な身体障害者または難病を患っている者です。機能訓練の標準利用期間は18か月です。機能訓練については、事業所に通う以外にも、自宅を訪問し、運動機能や日常生活能力の維持・向上を目的とした訓練などを実施することもあります。

　生活訓練の対象となるのは、地域生活を営む上で、生活能力の維持・向上等のため、一定期間の訓練が必要な知的障害者または精神障害者です。機能訓練の標準利用期間は24か月ですが、長期入所者などは36か月まで延長することができます。生活訓練については、自宅への訪問による訓練などに加え、宿泊型もあるのが特徴です。宿泊型では、施設などを利用し、夜間や宿泊を通じた日常生活能力を向上するための支援などの訓練が実施されます。

　機能訓練・生活訓練ともに、利用期間終了後は、地域生活への移行が想定されています。そのため、サービスの利用計画の作成・実施においては、訓練などにより地域生活に移行し、施設などに戻ることがないようにすることが求められます。

第2章 ● 障害福祉サービスのしくみ　　**65**

12 就労移行支援

サービスの内容

就労移行支援とは、一般企業などで働くことができるように支援するサービスです。就労移行支援は、自立支援給付の訓練等給付にあたり、訓練等給付費の支給対象となります。また、サービスの内容で分類すると日中活動系サービスにあたります。

人生において「働く」ということは大きな意味をもちます。人は、仕事を通じて生きがいを感じたり、成長したりすることができます。仕事を通じて出会った人間から、自分の生き方や考え方について影響を受けることもあるでしょう。このように、仕事は人格の形成や発展に対して影響を与えているということができます。

このことは障害者も同様です。日常生活を送るだけでなく、仕事をすることによって、生きがいを感じたりすることができ、人格の形成や発展に対して影響を受けることができます。そして、障害者も仕事に就くことができてこそ、人として尊重されて生きていくことができる社会が保障されているといえます。

サービスの内容としては、就労に必要な知識・能力を養い、本人に合った就労と職場への定着を促すことです。まず、障害者の適性や課題を把握し、就労に必要な知識や能力の向上のための訓練を行います。具体的には、基礎体力の向上、集中力や持続力などの習得、職業習慣の確立などです。このとき、職場見学や実習などを行い、実際に働くことがどのようなことなのかを経験させたりもします。

そして、本人の適性に応じた職場を開拓したり、求職活動を支援したりして、障害者が就労することができるようにします。就労後も6か月間は職場への定着に関するサポートを行います。

● 就労移行支援のしくみ

就労移行支援 一般企業などで働けるように支援するサービス

① 障害者の適性・課題の把握、就労に必要な知識や
能力向上のための訓練

（例）基礎体力向上、集中力や持続力などの習得、職業習慣の確立　など

② 職場見学や実習など

③ 適性に応じた職場の開拓、求職活動の支援

【対象】65歳未満の就労を希望する障害者
【利用期間】24か月（最大12か月の延長が可能）
※就労後6か月間は就労移行支援事業者から支援が受けられる

どんな人が対象になるのか

就労移行支援の対象となるのは、就労を希望する65歳未満の障害者です。これは障害者の就労という目的から設定された要件です。

就労移行支援の利用期間は24か月が原則です。利用期間を設けることにより、時間的制約の中で、就労という目的に向かって効率よく訓練をすることを促します。ただし、必要性があると認められれば、最大12か月間延長することができます。

就労移行支援は、就労に移行したらそれで終わりではなく、継続することに意味があります。そのため、障害者を雇用する事業者は、ハローワークなどと連携し、障害者の適性や希望に応じた職場づくりを行います。また、就労後も原則として6か月間は、就労移行支援事業者から就労に必要な支援を受けることができます。

なお、障害者雇用促進法は、従業員が一定数以上の事業者に対し、障害者の雇用義務を課しています。たとえば、45.5人以上雇用している民間企業は、1人以上の障害者を雇用する義務があります。

第2章 ● 障害福祉サービスのしくみ　**67**

13 就労継続支援Ａ型

サービスの内容

　就労継続支援とは、一般企業などでの就労が困難であるものの、少しの支援があれば就労ができる者に対して就労継続を支援するサービスです。就労継続支援は、自立支援給付の訓練等給付にあたり、訓練等給付費の支給対象となります。また、サービスの内容で分類すると日中活動系サービスにあたります。

　障害者が社会で生きていく上で、就労は重要な意味をもちます。そのため、前述した就労移行支援によって、障害者が一般企業などへ就労することができるように支援が行われています。

　しかし、一般企業などへ就労できるか否かの２つに障害者を分類するのは妥当でありません。一般企業などに就労することは困難であるものの、ある程度の支援を受ければ就労が可能である障害者もいるからです。そこで、障害の程度にかかわらず、多くの障害者が就労に携わることができるように就労継続支援が制定されました。

　就労継続支援にはＡ型とＢ型があります。就労継続支援Ａ型は雇用型と呼ばれます。つまり、就労継続支援Ａ型は、施設と障害者の間で雇用契約を締結し、労働者として支援を受けます。就労継続支援Ａ型は雇用契約を締結することから、労働基準法など労働法規の適用があります。そのため、障害者は、原則として就労先の施設が所在する地域における最低賃金が保障されます。

　就労継続支援Ａ型は、事業所で就労しながら、最終的には一般企業などで就労できるように、知識の習得や能力の向上などの訓練を受けることを内容としています。具体的には、農作業、パソコン作業、イラスト制作など多岐にわたります。

● 就労継続支援Ａ型

就労継続支援Ａ型 【雇用型】施設と障害者の間で雇用契約を
締結し支援を受ける

就労 ⇒ 一般企業などでの
就労に向けた知識の習得・訓練

雇用契約

施設

障害者　　　最低賃金以上の賃金の支払い

【対象】生産活動にかかわる知識・能力の向上により
就労が可能な障害者　※利用開始時に65歳未満
① 就労移行支援事業の利用後に、一般企業などへの雇用に結
びつかなかった者
② 特別支援学校を卒業後に就職活動を行ったが、一般企業など
への雇用に結びつかなかった者
③ 一般企業などへの就労経験はあるが、現在は雇用関係にない者

■ どんな人が対象になるのか

　就労継続支援Ａ型の対象になるのは、生産活動にかかわる知識や能力の向上を図り、雇用契約に基づく就労が可能な65歳未満の者です。さらに、以下の①～③のいずれかにあてはまることが必要です。

①　就労移行支援事業を利用したが、一般企業などへの雇用に結びつかなかった者

②　特別支援学校を卒業して就職活動を行ったが、一般企業などへの雇用に結びつかなかった者

③　一般企業などを離職した者など、就労経験があり、現在は雇用関係がない者

　就労継続支援Ａ型は、就労移行支援と異なり、利用期間の制限がないため、障害者の特徴にあった知識の習得や能力の向上などの訓練をすることができ、十分な経験を積むことができます。もっとも、就労継続支援Ａ型は、最終的には一般企業などへの就労をめざしていることから、これを目標として利用計画を作成する必要があります。

第2章 ● 障害福祉サービスのしくみ　　**69**

14 就労継続支援Ｂ型

サービスの内容

　就労継続支援Ｂ型は、事業者と障害者が雇用契約を結ばず、施設に通いながら就労や生産活動などの支援を受けることができるサービスです。就労継続支援Ｂ型も、自立支援給付の訓練等給付にあたり、訓練等給付費の支給対象となります。サービスの内容で分類すると日中活動系サービスにあたります。

　就労継続支援Ｂ型は、雇用契約を締結しないため、労働基準法など労働法規の適用を受けません。そのため、障害者の賃金は低額な場合が多いといえます。就労継続支援Ａ型は、最低賃金が保障されるという大きな利点を有しています。しかし、就労継続支援Ａ型では、雇用契約を締結する以上、障害者であっても雇用契約に基づく義務が生じます。就労継続支援を実施する施設は、一般企業などと比べて障害者に対して寛容であることが多いとはいえ、雇用契約に拘束されるのは、障害者にとって大きな負担となる場合もあります。

　そこで、雇用契約を締結せず、比較的自由な状態での就労継続支援を実施できるように、就労継続支援Ｂ型が設けられました。

　就労継続支援Ｂ型は、最終的には一般企業などで就労ができるように、生産活動に必要な知識の習得や能力向上の訓練などを受けることを内容とします。就労継続支援Ｂ型の事業所では、内職作業、パンの製造、飲食店の経営など、さまざまな事業を行っています。

どんな人が対象になるのか

　就労継続支援Ｂ型の対象となるのは、就労移行支援事業を利用したが、一般企業などへの雇用に結びつかない者や、就労の機会などを通

● 就労継続支援B型

就労継続支援B型　【非雇用型】障害者が施設に通いながら就労や生産活動の機会の提供を受ける

障害者 ⇔ 施設
- 生産活動に必要な知識の習得・訓練
- 施設に通いながらサービスを受ける

雇用契約ではないため労働基準法などの適用はない
⇒ 比較的自由な状態での就労継続支援が可能になる

【対象】就労移行支援事業等を利用した後に、一般企業などへの雇用に結びつかなかった障害者や、就労の機会を通じて、生産活動に関する知識・能力の向上が期待できる障害者

どれかに該当
① 一般企業などや就労継続支援A型での就労経験がある者で、年齢・体力の面で一般企業での雇用が困難な者
② 50歳に達している者または障害基礎年金1級受給者
③ ①および②以外で、就労移行支援事業者などによるアセスメントにより、就労面の課題などが把握されている者

じ、生産活動にかかわる知識や能力の向上が期待される者です。具体的には、以下の①～③のいずれかにあてはまる者が対象になります。

① 一般企業などや就労継続支援A型での就労経験がある者で、年齢や体力の面で一般企業などに雇用されることが困難となった者
② 50歳に達している者または障害基礎年金1級受給者
③ ①および②に該当しない者で、就労移行支援事業者などによるアセスメントにより、就労面の課題などが把握されている者

就労継続支援B型は、利用者のニーズにあわせて柔軟に支援を受け、最終的に一般企業などへの就労をめざします。しかし、労働法規の適用を受けないため、賃金は低額になる傾向が見られます。たとえば、時給100～150円のところもあり、休まず働いても月2～3万円の収入にしかなりません。そのため、労働収入を得ることを経験し、一般企業などへの就労をめざす側面よりも、障害者が社会的に孤立してしまうことを防ぐために利用されている側面があります。

15 共同生活援助（グループホーム）

サービスの内容

　共同生活援助（グループホーム）とは、障害者が集まって、地域のアパートや一戸建てなど生活する場を設け、世話人などが生活の支援をするサービスです。共同生活援助は、自立支援給付の訓練等給付にあたり、訓練等給付費の支給対象となります。また、サービス内容で分類すると居住系サービスにあたります。

　サービスの内容としては、相談援助、食事・入浴・排せつの介護、金銭管理の援助、健康管理、緊急時の対応などがあります。

どんな特長があるのか

　たとえば、介護サービスまでは必要ないものの、1人で生活していくことが難しい障害者は、自らの家で家族の支援を受けて生活していることがあります。しかし、家族といっても、いつまでも支援を続けられるわけではありません。障害者を支援していた親が死亡するなどして支援する者が誰もいなくなると、障害者は生活することが難しくなります。共同生活援助は、このような障害者の孤立を防止し、生活に対する不安を軽減することを目的にしています。

　共同生活援助は、ある程度の自活能力がある障害者の利用が想定されているため、障害者が集まって生活する施設（本体住居）に配置される世話人は1人程度です。また、サテライト住居によって共同生活援助を受けることもできます。サテライト住居とは、本体住居にいる世話人が10分以内で移動することができる範囲で、一人暮らしに近い形態を備えた住居のことです。サテライト住居は、より一人暮らしに近い生活を希望する障害者のために創設されたものです。

● 共同生活援助（グループホーム）のしくみ

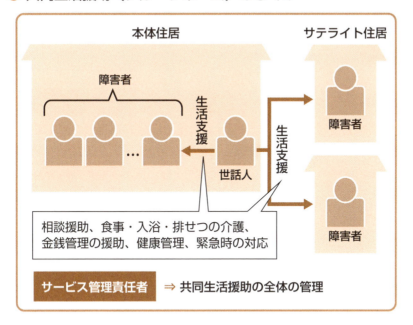

　共同生活援助を提供する者とは、サービス管理責任者と世話人のことです。サービス管理責任者は共同生活援助の全体を管理する者で、世話人は本体住居で生活の支援をする者です。共同生活援助は、個々の住居を単位としてサービスを管理するのではなく、一定の範囲内に設置された住居全体を事業所として管理します。サービス管理責任者は、一定の範囲内の住居全体で、共同生活援助が適正に提供されるよう管理をする必要があります。

どんな人が対象になるのか

　共同生活援助の対象になるのは、障害者の中でも生活介護または就労継続支援など日中活動をしている障害者に限られます。ただし、身体障害者の場合は、65歳未満の者であるか、65歳に達する日の前日までに障害福祉サービスなどを利用したことのある者に限られます。

16 就労定着支援

どんな事業なのか

就労定着支援とは、就労移行支援などを利用した後、一般企業などに就労（一般就労）をした障害者に対し、その就労を継続するための支援を行うサービスです。就労定着支援は、自立支援給付の訓練等給付にあたり、訓練等給付費の支給対象となります。また、サービスの内容で分類すると日中活動系サービスにあたります。

障害者が人として尊重されて社会で生きていくことを実現するために、就労は重要な意味をもちます。しかし、就職すると生活は大きく変化します。就労は、1日の生活の大きな部分を占めるため、それに合わせた生活スタイルへと変化せざるを得なくなります。障害のない者であっても、就職により生活スタイルが変化し、その変化からストレスを感じる者もいます。障害者も同様に、生活スタイルの変化からストレスを感じますし、そのストレスに耐えられず、就労を継続できなくなることも考えられます。

就労定着支援は、就労以外の生活面についてサポートすることで、障害者が就労を継続しやすくすることを目的にしたサービスです。

具体的なサービスの内容

就労定着支援のサービス内容は、一般企業などへの就労により生じる生活面の支援です。就労の継続を目的としますが、就労自体の支援ではなく、就労以外の生活面の支援をするのが特徴です。

具体的には、障害者との相談を通じて生活面の課題を把握し、就労先の企業、障害者就業・生活支援センター、医療機関などとの連絡調整や連携を行います。障害者の生活リズム、家計や体調の管理などに

● 就労定着支援のしくみ ･････････････････････････････

就労定着支援 就労を継続するための支援を行うサービス

一般就労した
障害者

【対象者】 生活介護・自立訓練・就労移行支援・就労継続支援などを利用して一般企業などへ就労（一般就労）した障害者

【利用期間】 原則３年間

生活課題の
把握

指導・助言・相談

一般企業、障害者就業・生活支援センター、医療機関などとの連絡調整や課題解決に向けた支援

生活リズム・家計・体調の管理などに関する指導・助言・相談など

関する課題解決に向けて、必要な指導・助言・相談なども行います。たとえば、遅刻・欠勤・身だしなみの乱れがある場合は、障害者への指導や助言を行うとともに、就労先企業や障害者就業・生活支援センターなどと連絡調整や連携をすることで、問題を解決するよう働きかけ、障害者が就業を継続するための支援を行います。

　就労定着支援の対象者は、生活介護・自立訓練・就労移行支援・就労継続支援などを利用して、一般就労をした障害者です。利用期間は３年間です。ただし、１年ごとに支給決定期間を更新することが必要です。就労移行支援による６か月間の定着支援を含めると、最大３年半にわたり就労の継続に向けたサービスを利用することができます。

　障害者にとって就労を継続するのは容易でありません。就労移行支援などを利用して就労したものの、早期に離職している障害者も少なくありません。これは就労先での人間関係がうまくいかなかった、労働意欲が減退した、能力不足などの問題が考えられています。

第２章 ● 障害福祉サービスのしくみ　　**75**

17 自立生活援助

どんなサービスなのか

　自立生活援助とは、一人暮らしを望む知的障害者や精神障害者などについて、本人の意思を尊重した地域での生活を支援するサービスです。2018 年 4 月 1 日から導入された新しいサービスです。自立生活援助は、自立支援給付の訓練等給付にあたり、訓練等給付費の支給対象となります。また、サービスの内容で分類すると訪問系サービスにあたります。

　障害者が地域において一人暮らしをすることは、障害の有無にかかわらず等しく社会で生きていくというノーマライゼーションの理念が実現された姿といえます。障害者の中には、一人暮らしを希望し、地域の行事などに参加しながら、仕事や日常生活を続けていける者もいます。しかし、すべての障害者が一人暮らしをする「たくましさ」を持っているわけではありません。施設や病院の職員から見れば一人暮らしが十分に可能と思われる障害者であっても、施設や病院での生活に慣れているため、一人暮らしを始めるのに不安を覚えたり、躊躇したりすることが少なくありません。さらに、一人暮らしを始めても継続が難しく、施設や病院などの生活に戻る障害者もいます。生活環境を変えることは、障害者にとって高いハードルであり、その変化への対応ができなくなるからです。

　そこで、グループホームや障害者支援施設などでの生活から一人暮らしへの移行を支援するため、自立生活援助が導入されました。

具体的なサービスの内容

　自立生活援助事業所のスタッフが直接、一人暮らしをする障害者の

● **自立生活援助のしくみ**

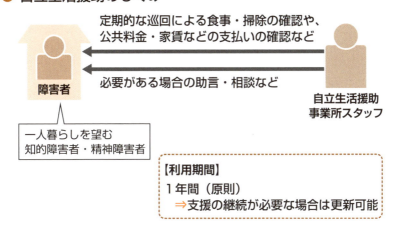

自宅を訪れ、サービスを提供します。具体的には、定期的に障害者の自宅を巡回し、食事や掃除などを適切に行っているか、公共料金や家賃などの支払いを滞納していないか、地域住民と良好な関係を築けているかなどを確認します。その上で、必要があれば助言や相談などを行います。定期的な巡回だけでなく、障害者から相談や要請があった場合は随時、訪問や電話などで対応します。

自立生活援助の対象となるのは、日常生活を営む上で、定期的な支援や随時の支援が必要な障害者です。その上で、自宅において一人暮らしをしているか、または同居する家族が障害や病気などであることから、さまざまな支援を見込めない状況にあることが必要です。

自立生活援助の利用期間は1年間です。ただし、利用期間を経過した後について、市町村審査会において個別の審査を受け、自立生活支援が必要であり、支援を継続することが適当と判断された場合は、利用期間を更新することができます。

自立生活援助は新しい支援の制度であるため、これからの運用によって課題が出てくることが考えられます。たとえば、定期巡回においてどの程度の支援を行うのかという点などです。

18 居住サポート事業

どんな事業なのか

　居住サポート事業（住宅入居等支援事業）とは、障害者の借家（賃貸住宅）への入居に関わる調整などの支援を行うサービスです。市町村の地域生活支援事業の必須事業である相談支援事業のひとつとして実施されています。

　障害者が地域で家を借りて、1人で生活していくという生活スタイルの実現は、障害の有無にかかわらず等しく社会で生きていくというノーマライゼーションの理念を実現しているといえます。しかし、障害者が地域で生活すると決めても、まず居住場所が問題になります。

　障害者が家を所有するケースは必ずしも多くないため、家主との間で住居の賃貸借契約を締結し、借りた住居で生活することが必要になりますが、障害者が自力で住居の賃貸借契約を締結するのは容易でありません。不動産屋を訪れて自分の希望に合った家を探し、家主と賃貸借契約を締結するのは、とても煩雑な手続だからです。また、借りたい住居を見つけても、障害の内容によっては、家主から入居を拒否される可能性があります。障害について知識のない者からすると、たとえば、バリアフリーへの対応が十分でないという不安から、賃貸借契約の締結に消極的になるかもしれません。

　このように、障害者が地域で居住をするにはさまざまな問題が生じる可能性があります。そこで、障害者が地域で生活を始めやすくするため、居住サポート事業が提供されています。

具体的なサービスの内容

　サービス内容としては、賃貸借契約による住居への入居にあたり、

● **居住サポート事業のしくみ**

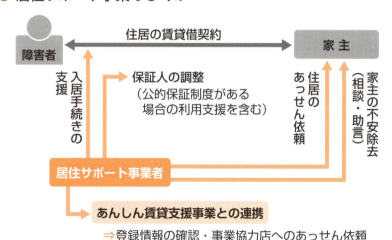

　支援が必要となる障害者について、入居に必要な支援をします。たとえば、不動産業者に対する住居のあっせん依頼や、入居手続きの支援を行います。また、保証人が必要な場合の調整も支援します。このとき、地域において公的保証人制度がある場合は、その利用も検討します。さらに、家主に対する相談・助言によって、その不安を除去するなどの支援も行います。

　居住サポート事業と関連して、国土交通省が**あんしん賃貸支援事業**を実施しています。この事業は、高齢者世帯、障害者世帯、外国人世帯、子育て世帯の入居を受け入れるため、都道府県などに登録された民間賃貸住宅に関する情報提供や居住支援を行う事業です。

　あんしん賃貸支援事業と居住サポート事業は、相互に連携することになっています。たとえば、利用希望者が居住サポート事業者に利用申請をした場合、居住サポート事業者は、あんしん賃貸住宅として登録された情報を確認する他、あんしん賃貸支援事業の事業協力店（不動産業者）にあっせんを依頼します。このようにして、障害者の地域生活が、より一層手厚くサポートされています。

19 移動支援事業

どんな事業なのか

　移動支援事業とは、障害者や障害児の社会参加や必要不可欠な外出などの機会を促進するサービスです。移動支援事業は、市町村の地域生活支援事業のうち必須事業のひとつとされています。

　障害の有無にかかわらず、外出をして、社会活動に参加したり、レジャーを楽しんだりすることは、人格の形成に大きな影響を与えます。外出は障害の有無にかかわらず等しく社会で生きていくというノーマライゼーション理念の実現に役立つと考えられていることから、移動支援事業が必須事業として整備されています。

サービスの利用形態

　移動支援事業の実施主体は市町村であるため、サービスの内容はそれぞれの市町村によって決められます。

　移動支援事業の対象者は、市町村が移動支援の必要性を認めた障害者と障害児です。なお、移動支援事業に似たサービスとして、介護給付のひとつである同行援護があります。同行援護は視覚障害者に限定されたサービスであるのに対し、移動支援事業は視覚障害者に限定されないのが特徴です。

　サービスの内容は、社会生活上欠かすことのできない外出や、余暇活動や社会参加などのための外出において、移動の介助や必要となる介護の提供です。サービス実施者をガイドヘルパーといいます。

　そして、移動支援事業は、利用形態に応じ、個別支援型、グループ支援型、車両移送型に分類することができます。

　個別支援型は、ガイドヘルパーが1人の利用者にサービスを提供す

80

● 移動支援事業のしくみ ……………………………………………

移動支援事業 障害者や障害児の外出などの機会を促進するサービス

【実施主体】市町村
【対象者】　市町村が移動支援が必要と判断した障害者・障害児

1　個別支援型

ガイドヘルパーが1人の利用者にサービスを提供する
※対象者は市町村が個別の支援が必要であると認めた者

2　グループ支援型

複数の障害者を同時に支援する形態のサービス
（例）バスにより複数の障害者を一度に公共施設に送迎する

3　車両移送型

車両の巡回による送迎支援などの形態のサービス
（例）コミュニティバス

る形態です。つまり、マンツーマンで行われるサービスです。個別支援型の対象者は、市町村が個別の支援が必要と認めた者でなければなりません。個別支援型は、障害者個別の悩みに対応できるため、柔軟なサービス提供ができるという利点があります。しかし、個別に対応するとなると、人件費など市町村の負担は大きくなります。

グループ支援型は、複数の障害者を同時に支援する形態のサービスです。たとえば、バスなどを利用して、複数の障害者を公共施設へ送迎する形態があてはまります。グループ支援型は、市町村の負担を軽減することができますが、個別の障害者への柔軟な対応にはあまり向いておらず、個別支援型のほうがきめ細かな支援が可能です。

車両移送型は、コミュニティバスのように、車両の巡回による送迎支援などの形態のサービスです。たとえば、駅、公共施設、福祉センターなどを決められた経路を巡回し、障害者を送迎するバスなどが車両移送型のサービスにあたります。

第2章 ● 障害福祉サービスのしくみ　**81**

20 日常生活用具給付等事業

どんな事業なのか

　日常生活用具給付等事業とは、障害者等（障害者や障害児）の日常生活を支える用具を給付・貸与する事業です。日常生活用具給付等事業は、市町村の地域生活支援事業で必須事業にあたります。

　障害者等が社会に進出し、さまざまな活動をすることは、ノーマライゼーションの理念を実現するために重要です。しかし、一定の用具がなければ日常生活を容易に行うことができない障害者にとっては、その用具を購入するための負担が非常に重くなることがあります。そこで、日常生活を支える一定の用具を給付・貸与することで、日常生活をより円滑に送れるようにするために、日常生活用具給付等事業が整備されています。

　日常生活用具給付等事業の実施主体は市町村であるため、利用希望者は市町村に申請し、給付決定を受けなければなりません。市町村によって、用具の上限額、品目、自己負担額などが異なります。

日常生活用具とは

　給付・貸与の対象になる「日常生活用具」は、次の①～③の要件をすべて満たすものでなければなりません。これらの要件を満たすもののうち、後述する６種類の用具が給付・貸与されます。

① 障害者等が安全かつ容易に使用可能で、実用性が認められる。

② 障害者等の日常生活上の困難を改善し、自立を支援し、かつ、社会参加を促進すると認められる。

③ 用具の製作、改良または開発にあたって障害に関する専門的な知識や技術を要し、日常生活品として一般に普及していない。

● 日常生活用具給付等事業のしくみ ･････････････････････････

日常生活用具給付等事業 ⇒ **障害者等（障害者や障害児）の日常生活を支える用具を給付・貸与する事業**

【日常生活用具の要件】

① 障害者等が安全かつ容易に使用でき、実用性が認められる

② 障害者等の日常生活上の困難を改善し、自立を支援し、かつ社会参加を促進すると認められる

③ 用具の製作、改良、開発にあたって障害に関する専門的な知識や技術を要し、日常生活品として一般に普及していない

【日常生活用品の種類】

介護・訓練支援用具、自立生活支援用具、在宅療養等支援用具、情報・意思疎通支援用具、排せつ管理支援用具、居宅生活動作補助用具

日常生活用具の種類

　給付・貸与の対象になる日常生活用具は、次の①〜⑥の6種類の用具のことをいいます。

① **介護・訓練支援用具**：障害者等の身体介護を支援する用具

② **自立生活支援用具**：障害者等の入浴・食事・移動などの自立生活を支援する用具

③ **在宅療養等支援用具**：障害者等の在宅医療などを支援する用具

④ **情報・意思疎通支援用具**：障害者等の情報収集や意思疎通などを支援する用具

⑤ **排せつ管理支援用具**：障害者等の排せつ管理を支援する用具や衛生用品

⑥ **居宅生活動作補助用具**：居宅生活の動作を円滑にする用具で、設置に小規模な住宅改修をともなう用具

　以上の給与・貸与の対象になる日常生活用具のうち、①〜⑤の用具については、容易に使用ができ、実効性のある用具でなければなりません。

第2章 ● 障害福祉サービスのしくみ　　83

21 成年後見制度利用支援事業

どんな制度なのか

　成年後見制度利用支援事業とは、成年後見制度を利用するための必要な費用を補助する事業です。成年後見制度利用支援事業は、市町村の地域生活支援事業で必須事業にあたります。

　成年後見制度とは、精神の障害により、物事の善悪や是非を判断する能力が欠けているか、その能力が不十分な者について、家庭裁判所が財産管理などの支援をする者を選任する制度です。財産管理などを支援する者として、成年被後見人を支援する成年後見人、被保佐人を支援する保佐人、被補助人を支援する補助人がいます。

　物事の判断能力が十分でない障害者にとって、財産管理などをまかせることのできる成年後見制度は重要です。しかし、この制度は十分に活用されていません。これは、成年後見制度の内容が十分に理解されていないことや成年後見制度を利用するのにお金がかかることが理由として考えられます。

　たとえば、成年後見人の利用申請をする場合、家庭裁判所への申請手数料の他、物事の判断能力の有無を確かめるための鑑定費用などもかかります。成年後見人は、親族が選任されるよりも、弁護士や司法書士などの第三者が選任されるケースが増えています。第三者が成年後見人になった場合は、その者に報酬を支払わなければなりません。このように、成年後見制度を利用するためには、継続的に費用が発生することから、利用が進んでいないと考えられます。

　そこで、成年後見制度の利用を促進するため、成年後見制度利用支援事業が制定されました。

● 成年後見制度利用支援事業

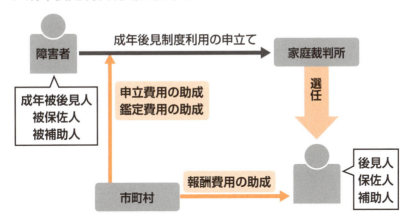

サービスの内容

　サービスの内容としては、成年後見制度の申立て経費や後見人の報酬などについて、その費用の全部または一部を補償することです。

　成年後見制度を利用するためには、家庭裁判所に申立てをしなければなりません。申立てができるのは、本人、配偶者、親族、検察官などです。成年後見制度利用支援事業を利用する場合は、市町村長も申立てができます。その際、市町村が申立費用や鑑定費用などの全部または一部を助成します。

　この申立てに基づき、家庭裁判所が審判を行い、後見人（成年後見人・保佐人・補助人のいずれか）を選任します。家庭裁判所は、後見人の選任に際して、相当な報酬を定めることができます。この報酬について、市町村が全部または一部を助成します。

　サービスの対象になるのは、障害福祉サービスの利用の観点から、成年後見制度を利用することが有用と認められる障害者であって、成年後見制度の利用に必要な費用について助成がなければ、その利用が困難と認められる者です。

22 意思疎通支援事業

どんな事業なのか

意思疎通支援事業とは、障害により意思疎通を図ること、つまりコミュニケーションをとることが困難な者に対し、他人との意思疎通を支援する者（意思疎通支援者）を派遣する事業です。意思疎通支援事業は、地域生活支援事業のうち必須事業とされており、市町村と都道府県が分担してサービスを提供することになっています。

障害の有無にかかわらず、他人とコミュニケーションをとることはとても重要です。コミュニケーションをとることで、人はお互いに影響を与え合い、人格を形成・発展させることができる他、地域のさまざまな行事にもスムーズに参加ができます。意思疎通支援事業は、障害者とその他の者との間のコミュニケーションを助け、意思疎通が困難な者が地域で生きていくことをサポートします。

意思疎通支援事業の対象になるのは、障害により意思疎通を図ることが困難な障害者等（障害者や障害児）です。具体的には、聴覚・言語機能・音声機能・視覚などの障害、失語症、高次脳機能障害などにより、意思の疎通が困難な者です。

具体的には、手話通訳、要約筆記、点訳、代筆、音声訳などの方法で、障害者とその他の者との間のコミュニケーションを支援します。

意思疎通支援者

意思疎通支援事業において、実際に障害者等に対して意思疎通支援を行う者のことを意思疎通支援者といいます。その代表例ともいえるのが手話通訳者と要約筆記者です。

手話通訳者は、手話通訳士、手話通訳者、手話奉仕員に分類されて

● **意思疎通支援事業**

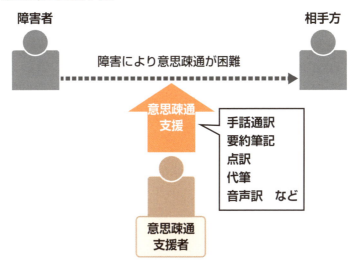

　います。手話通訳士は、手話通訳技能認定試験に合格し、手話通訳士として登録した者です。手話通訳者は、都道府県・指定都市・中核市が実施する手話通訳者養成研修事業において、手話通訳者として登録された者です。手話奉仕員は、都道府県・市町村が実施する奉仕員養成研修事業において、手話奉仕員として登録された者です。

　要約筆記者は、都道府県・指定都市・中核市が実施する要約筆記者養成研修事業において、要約筆記者として登録された者です。

　その他、障害者総合支援法においては、意思疎通支援者の派遣に関する市町村と都道府県の役割分担を規定しています。市町村は、手話通訳者や要約筆記者の派遣を行います。これに対し、都道府県は、盲ろう者向け通訳・介助者の派遣をする他、複数市町村の住民が参加する障害者団体などの会議や専門性の高い分野など、市町村が派遣することができない場合に手話通訳者や要約筆記者の派遣を行います。

23 自立支援医療

どんな事業なのか

　自立支援医療とは、障害者等（障害者や障害児）が、心身の障害の除去または軽減のために受けた医療費について、公費により自己負担額を軽くする制度です。この制度は障害者自立支援法の施行時に導入され、障害者総合支援法にも受け継がれています。

　障害者自立支援法の制定前も、自立支援医療と同様の制度がありましたが、根拠となる法律が異なっていました。つまり、身体障害者は身体障害者福祉法、身体障害児は児童福祉法、精神障害者は精神保健福祉法に基づいていました。そのため、根拠となる法律ごとに申請や支給の手続きが異なり、利用者にはわかりにくい制度でした。

　そこで、利用者にとってわかりやすい制度にするため、障害者自立支援法の施行にともない、3つの制度が自立支援医療として統合されました。以上の経緯から、自立支援医療には、更生医療、育成医療、精神通院医療の3種類があります。

　更生医療は、以前の身体障害者福祉法に基づく制度にあたり、身体障害者を対象としています。育成医療は、以前の児童福祉法に基づく制度にあたり、障害児が対象です。精神通院医療は、以前の精神保健福祉法に基づく制度にあたり、精神障害者を対象としています。

サービスの内容

　身体障害者・障害児・精神障害者が、医療機関において障害を除去・軽減するための医療を受けた場合、自己負担額を軽くすることができます。たとえば、心臓の機能に障害がある者が弁置換術（傷んだ心臓の弁を切除して人工の弁に取り替える手術）を受けた場合や、精

● **自立支援医療のしくみ**

自立支援医療

障害の除去・軽減のための医療を受けた場合の自己負担を軽減するための制度

更生医療
【対象】身体障害者（身体障害者手帳が必要）
⇒治療により状態がよくなる見込みが必要

育成医療
【対象】障害児（身体障害者手帳は不要）
⇒治療により状態がよくなる見込みが必要

精神通院医療
【対象】通院治療継続中の精神障害者
⇒都道府県が運営する精神保健福祉センターの判定を受けることが必要

神障害者が精神科デイケア（精神疾患の再発防止のためのリハビリ）を受けた場合などに、自立支援医療制度が適用されます。

自己負担の上限

　前述したように、かつては障害の種類に応じて根拠となる法律が異なり、自己負担もそれぞれの法律により異なっていました。つまり、精神保健福祉法では、自己負担は一律5割であったのに対し、身体障害者福祉法や児童福祉法では、所得に応じて自己負担の金額が異なっていました。そのため、同程度の障害や所得であるにもかかわらず、障害の種類によって自己負担に不平等が生じることがありました。

　自立支援医療制度は、国民全体で医療費を負担し、障害者も社会で等しく生きていくことの実現を目的としています。その目的を達成するためには、障害者の自己負担についても実質的な平等が保障されていなければなりません。そこで、自立支援医療制度では、自己負担の実質的な平等が実現されるよう整備されました。

　具体的には、自立支援医療の制度下では、障害の種類を問わず、原則1割の自己負担ですが、医療費が高額になっても所得などにより自

己負担の上限が定められています。ただし、障害の種類を問わず、一定所得以上であれば、高額治療継続者（自己負担の上限2万円）を除いて、公費負担の対象外となっています。

「高額治療継続者」とは、費用が高額な治療を長期にわたり継続しなければならない者をさします。たとえば、更生医療と育成医療の場合は、肝臓機能障害、腎臓機能障害、免疫機能障害の者などがあてはまります。精神通院医療の場合は、統合失調症、うつ病、てんかんなどの脳機能障害、薬物依存症などの薬物関連障害の者などがあてはまります。なお、疾病にかかわらず、高額な費用負担が継続する者が高額治療継続者にあたると判断される場合もあります。

どんな人が対象になるのか

更生医療の対象となるのは、治療により状態がよくなる見込みがある障害者のうち、身体障害者手帳を持っている者です。

育成医療の対象となるのは、治療により状態がよくなる見込みのある障害児です。障害児は18歳未満の者をさします。身体障害者手帳を持っている必要はありません。なお、障害児が18歳に達した後も治療が必要な場合は、身体障害者更生相談所の判定を受けた上で、更生医療への切り替えがなされることがあります。

精神通院医療の対象となるのは、通院治療を続ける必要がある精神障害者です。精神通院医療を受けるためには、都道府県が運営する精神保健福祉センターの判定を経ます。

自立支援医療を受けるための手続き

自立支援医療を受けるためには、利用希望者が申請書を提出しなければなりません。申請書には、支給判定するための資料の添付が必要です。たとえば、指定自立支援医療機関において育成医療や更生医療を主として担当する医師が作成した自立支援医療意見書、所得が確認

できる書類などです。精神通院医療の場合、指定自立支援医療機関において精神障害診断や治療に従事する医師による診断書、所得が確認できる書類などの添付が求められます。

　更生医療・育成医療と精神通院医療では、支援認定の実施主体が異なります。つまり、更生医療と育成医療の支給認定は市町村、精神通院医療は都道府県が実施主体です。

　更生医療・育成医療においては、申請書を市町村に提出し、市町村が支給認定を行います。このとき市町村は、身体障害者更生相談所や児童相談所などに対し、判定を依頼することができます。市町村から依頼を受けた身体障害者更生相談所や児童相談所などは、審査をした上で判定結果を市町村に伝えます。市町村は、その判定結果をふまえて支給認定をするか否かを決定します。

　支給認定を受けた場合は、申請した利用希望者に受給者証が交付されます。受給者証が交付されることで、更生医療・育成医療の自己負担を軽減することができます。反対に、支給認定を受けることができなかった場合は、不承認通知書が交付されます。

　精神通院医療においても、申請書は市町村に提出します。申請書を受理した市町村は、必要書類の確認や所得区分の記入などをして、都道府県に送付します。つまり、自立支援医療制度の申請において、申請書の窓口は市町村に一本化されています。窓口が異なるだけで申請書が受理されないという事態を避け、自立支援医療制度を利用しやすくするための措置です。

　申請書を受理した都道府県は、支給認定をする場合、受給者証を交付します。受給者証の交付を受けた者は、精神通院医療の自己負担を軽減することができます。反対に、支給認定を受けることができなかった場合は、不承認通知書が交付されます。そして、受給者証の交付なども市町村を経由して行います。ここでも利用しやすいしくみとなるように整備がなされています。

第2章 ● 障害福祉サービスのしくみ　　**91**

24 更生医療

更生医療とは

更生医療とは、身体の障害を除去・軽減する手術など治療によって確実に効果が期待できる身体障害者に対し、医療費の一部を公費で負担する自立支援医療の制度です。更生医療の支給対象となる医療には、診察、薬剤や補装具などの支給、医学的処置、手術、居宅や入院における看護、移送などが含まれます。

更生医療の支給対象となる障害は継続するものに限られます。たとえば、白内障による視覚障害、外傷性または手術後に生じる発音構語障害（発音が正しくできない障害）、心臓障害、肝臓機能障害、腎臓機能障害などがあります。

そして、更生医療の対象となる手術などの治療は、身体の障害の除去・軽減という効果を確実に期待することができるものでなければなりません。たとえば、白内障による視覚障害に対する水晶体摘出手術、外傷性または手術後に生じる発音構語障害に対する形成術、腎臓機能障害に対する人工透析療法、心臓障害に対するペースメーカー埋め込み手術などがあります。

更生医療の対象は身体障害者である

更生医療の支給対象となる者は18歳以上の身体障害者です。その上で、手術などの治療によって障害の状態が改善されるなど、確実に効果が期待できる身体障害であることも必要です。

さらに、更生医療の支給対象となるためには、身体障害者手帳の交付を受けていなければなりません。後述する障害児を対象にする育成医療の場合は、身体障害者手帳が必要ありません。育成医療の有効期

● 更生医療の支給認定に関する手続き

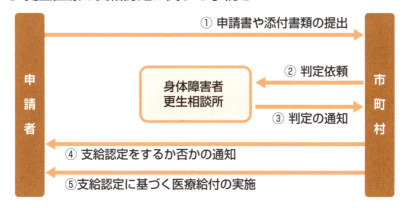

間中に 18 歳に達し、有効期間経過後に更生医療に切り替える場合は、身体障害者手帳がなければ、更生医療の支給を受けることができません。そのため、育成医療から更生医療への切り替えをする場合は、事前に身体障害者手帳の取得申請をしておくことが必要です。

なお、肝臓機能障害を有しており、人工透析療法を受ける者は、身体障害者手帳に加え、特定疾病療養受療証の写しも必要です。

更生医療の手続きについて

申請手続きはおもに、申請者による申請書や添付書類の提出、市町村による支給認定、医療給付の実施という過程をたどります。更生医療の実施主体は市町村です。申請書の提出があった場合、市町村は、身体障害者更生相談所に判定を依頼します。身体障害者更生相談所は、申請書や添付書類から、申請内容の妥当性や給付の必要性について審査・判定をします。市町村は判定に基づき支給認定をするか否かを決定し、支給認定をした身体障害者に対しては医療給付を実施します。

身体障害者更生相談所では、更生医療や育成医療に関する審査・判定の他、身体障害者手帳の交付に関わる事務や、医師や心理判定員などによる相談・指導も行っています。

25 育成医療

サービスの内容

　育成医療とは、身体の障害を除去・軽減する手術などの治療によって確実に効果が期待できる障害児に対し、医療費の一部を公費で負担する自立支援医療の制度です。育成医療の支給対象となる医療は、診察、薬剤や補装具などの支給、医学的処置、手術、居宅における看護（訪問看護）などが含まれます。

　育成医療の制度に基づく医療給付の有効期間は、原則として3か月以内です。ただし、治療が長期におよぶ場合は、最長1年以内まで有効期間が延長されます。たとえば、肝臓機能障害を有する障害児に対する人工透析や、免疫機能障害を有する障害児に対する抗HIV治療などが「治療が長期におよぶ場合」にあてはまります。

育成医療の対象は障害児である

　給付の対象となるのは、手術など医学的な治療により、身体の障害を確実に除去・軽減することが期待できる障害児です。育成医療は、治療をすれば身体の障害を確実に除去・軽減することが期待できるものの、医療費が高額であるなどの理由で、治療を断念せざるを得ない障害児を救済するための制度だといえます。

　そして、育成医療の対象者は「障害児」に限っている点が重要です。障害児にあたるのは18歳未満の者です。したがって、18歳以上の者は育成医療の給付対象外です。

　育成医療に基づく医療給付を受けている障害児が18歳に達した場合は、更生医療に切り替えられます。しかし、有効期間内に18歳に達した場合に、すぐに切り替えがなされるわけではありません。育成

● 育成医療のしくみ

育成医療の内容	医療費の一部を公費で負担
対象に含まれる医療	診察、薬剤や補装具などの支給、医学的処置、手術、居宅における看護など
有効期間	原則3か月以内 ※治療が長期にわたる場合は最長1年以内
給付対象者	医学的な治療によって、身体の障害を確実に除去・軽減することが期待できる障害児（18歳未満の者）
実施主体	市町村

医療に基づく医療給付を受けている以上、有効期間内は育成医療に基づく給付を受け続けることができます。有効期間の経過後も、治療を継続する必要がある場合に、更生医療への切り替えがなされます。

申請についての相談先

　育成医療の実施主体は市町村であるため、育成医療を必要とする障害児の保護者は、治療を開始する前に、市町村に申請書と添付書類を提出します。市町村は、必要に応じて身体障害者更生相談所などの意見を聴き、負担上限月額の認定を行います。このとき、世帯の所得状況や、高額治療継続者に該当するかなども審査されます。

　このように、育成医療の自己負担上限月額の認定に際しては、さまざまな要素が考慮されます。そのため、自己負担額月額がどのようになるのか、そもそも申請をすることができるのかなどについて、不安になることも考えられます。その場合は、市町村の担当課や医療機関のソーシャルワーカー（MSW）に相談するとよいでしょう。

26 精神通院医療

どんな制度なのか

精神通院医療とは、通院による治療を継続的に必要とする程度の状態の精神疾患を有する者に対し、医療費の一部を公費で負担する自立支援医療の制度です。精神通院医療の対象となる「精神疾患」については、精神保健福祉法に11項目が規定されています。たとえば、「病状性を含む器質性精神障害」「精神作用物質使用による精神・行動の障害」「気分障害」「神経症性障害、ストレス関連障害、身体表現性障害」「小児期・青年期に通常発症する行動・情緒の障害」などがあります（⇨ P.97 図参照）。

このうち、うつ病や躁うつ病は「気分障害」に含まれ、精神通院医療の適用対象になります。しかし、不眠症やうつ状態にとどまる場合には、精神通院医療の対象となる精神疾患としてのうつ病や躁うつ病にあたらず、精神通院医療の適用対象外です。

そして、精神保健福祉法が規定する11項目の精神疾患のうち、高額治療継続者の対象となる疾患とそうでない疾患があります。前述した例では「病状性を含む器質性精神障害」「精神作用物質使用による精神・行動の障害」「気分障害」が高額治療継続者の対象となります。

精神通院医療の対象となるのは、通院による治療を継続的に必要とする精神疾患の患者です。18歳未満の者も含まれます。通院して受ける治療でなければならないため、入院して受ける治療は精神通院医療の対象に含まれません。また、治療により症状がほとんど出ていなくても、再発予防のために通院治療を継続的にする必要がある者は、精神通院医療の対象に含まれます。

● 精神通院医療

精神通院医療の対象になる精神疾患	高額治療継続者の対象疾患
① 病状性を含む器質性精神疾患	○
② 精神作用物質使用による精神・行動の障害	○
③ 統合失調症、統合失調症型障害、妄想性障害	○
④ 気分障害	○
⑤ てんかん	○
⑥ 神経症性障害、ストレス関連障害、身体表現性障害	
⑦ 生理的障害および身体的要因に関連した行動症候群	
⑧ 成人の人格・行動の障害	
⑨ 精神遅滞	
⑩ 心理的発達の障害	
⑪ 小児期・青年期に通常発症する行動・情緒の障害	

■ 精神通院医療の手続きについて

　申請手続きはおもに、申請者による市町村への申請書や添付書類の提出、都道府県による支給認定、医療給付の実施という過程をたどります。精神通院医療の実施主体は、都道府県または指定都市（政令指定都市）ですが、自立支援医療に関する窓口を統一化するため、申請書の提出や支給認定後の受給者証の発送などは、市町村が行います。

　精神通院医療の申請書は、市町村から都道府県の健康福祉センターに送付されます（指定都市の場合は、その指定都市の精神健康福祉センターに送付されます）。健康福祉センターは、精神通院医療の申請書を受け取ると、申請内容を審査して判定を行います。支給認定の判定がなされると、受給者証が市町村を経由して申請者に交付されます。

　都道府県・指定都市は、精神通院医療を行うことができる医療機関を指定します。この指定された医療機関を指定自立支援医療機関といいます。受給者証を提示した上で、指定自立支援医療機関に通院治療した場合のみが、医療費の一部公費負担の対象になります。

27 補装具費支給制度

制度の対象になる補装具とは

　補装具費支給制度とは、補装具の購入や修理などについて、障害者等（障害者や障害児）の負担を公費で補助する制度です。補装具とは、障害者等の失われた身体や機能を補完する用具です。たとえば、車椅子、義足、盲人安全つえ、義眼などがあります。

　補装具の利用は、障害者等の生活を円滑にするだけでなく、時には健常者よりも高い能力を発揮させます。パラリンピックに出場している選手は、補装具を利用して、健常者よりも高い能力を発揮している代表例です。このように、補装具は障害者等にとって重要な役割を果たしているものの、障害者等ごとに製作しなければならないことや、特別な部品が必要になることなどの理由から、決して安価でありません。そこで、補装具費支給制度が整備されました。

　補装具費支給制度の対象になる「補装具」として認められるためには、以下の3つの要件をすべて満たさなければなりません。

① 　身体の欠損または損なわれた身体機能を補完・代替し、障害個別に対応して設計・加工された用具であること
② 　身体に装着（装用）して日常生活または就学・就労に用い、同一製品を継続して使用する用具であること
③ 　給付に際して専門的な知見（医師の判定書または意見書）を要する用具であること

どのように支給されるのか

　補装具費支給制度を利用するには、利用希望者が市町村に補装具費の申請をしなければなりません。補装具費の実施主体は市町村だから

● 補装具費支給制度

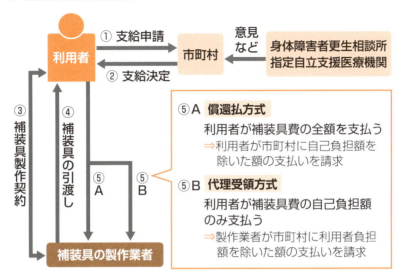

です。市町村は、申請を受領すると、身体障害者更生相談所や指定自立支援医療機関などに判定依頼または意見照会をします。

　身体障害者更生相談所や指定自立支援医療機関などは、市町村の要請に応じ、判定書や意見書を市町村に交付します。この意見書や判定書をもとに、市町村が補装具費の支給決定をするか否かを判断します。支給決定をする際には、利用者が適切な業者を選択できるような情報を市町村が提供します。支給決定がなされると、利用者は補装具の製作業者と補装具製作について契約を締結します。費用の支払方法には、償還払方式と代理受領方式があります（上図参照）。補装具費の利用者負担額は、原則として1割ですが、所得に応じた利用者負担額の上限が決められています。また、障害者や同じ世帯の者に一定以上の所得がある場合は、補装具費支給制度の対象外となります。

　補装具費支給制度は、補装具の修理についても適用があります。補装具は、製作された物である以上、故障することもあるからです。利用者負担額については、補装具の購入の場合と同様です。

Column

補装具の支給範囲の拡大

　補装具は、障害者等（障害者や障害児）の生活を支える上で非常に重要であるため、補装具費支給制度が整備されました。

　従来、補装具費支給制度は、補装具の購入か修理の場合でなければ適用されませんでした。しかし、障害児の場合、補装具を購入しても、その後身体が成長する可能性があります。子どもの成長は早く、補装具の種類によっては、何度も購入しなければならなくなる場合もあります。補装具は、市販の洋服などと異なり、その障害者の身体的な特徴や障害の特性に合ったものでなければなりません。そのため、障害児の成長にあわせ、再度購入しなければならなくなった場合、補装具費支給制度が適用されたとしても、補装具費自体が安価でない以上、重い負担になります。

　障害者であっても、障害の種類によっては、必要となる補装具が変わることもあります。たとえば、障害が進行性の疾病の場合、当初必要としていた補装具が後に不要となり、異なる補装具が必要となることもあります。このような場合も、再度購入しなければならないとすると、重い負担になります。

　そこで、2018年4月1日から、補装具費支給制度の適用範囲について、貸与も認めるとの改正がなされました。

　もっとも、補装具の数には限りがあります。誰でも簡単に貸与できるとすると、本当に貸与が必要な障害者等が補装具の貸与をすることができなくなる可能性があります。そこで、貸与が認められる場合として、①身体の成長にともない短期の交換が必要になる障害児であること、②障害の進行により短期間の利用が想定されること、③補装具の完成に先立ち、体への適合などを確かめるために、一度補装具を装着する（仮合わせ）前の試用であること、などの類型が定められています。

第3章

障害福祉サービスを
利用するには

1 障害福祉サービスの利用手続きの全体像

どんな手続きをするのか

障害福祉サービスとは、障害者総合支援法に基づいて行われる自立支援給付のうち、介護給付と訓練等給付のことをさします（⇨ P.21 図参照）。介護の支援を受ける場合は、居宅介護・重度訪問介護・短期入所（ショートステイ）などの介護給付が行われ、各種訓練などの支援を受ける場合は、自立訓練・就労移行訓練・共同生活援助（グループホーム）などの訓練等給付が行われます。

障害福祉サービスを受ける上で、障害支援区分の認定手続きが重要になります。障害支援区分とは、多様な障害の特徴や程度を考慮した上で、必要になる標準的な支援内容を決定するために用いられる指針のことです。区分1から区分6に分類され、数字が大きくなるにつれて必要な支援の度合いが高いことが示されます。そして、いずれの区分にも該当しないと判定された場合は「非該当」となって、ほとんどの障害福祉サービスの対象から除かれることになります。

障害支援区分の認定手続き

障害福祉サービスの利用を希望する障害者等（障害者・障害児）やその家族などは、障害者等が居住する市町村に対し、障害福祉サービスの利用申請を行います。利用申請を受理した市町村は、一次判定と二次判定という2段階に分けて障害支援区分の認定を行います。

まず、80項目の認定調査項目がある認定調査票をもとに、認定調査員（市町村から委託を受けた相談支援専門員など）の訪問などによる認定調査調査の結果と主治医による医師意見書をふまえ、コンピュータが一次判定を行います。認定調査項目は「移動や動作など」

● 障害福祉サービスの利用手続き

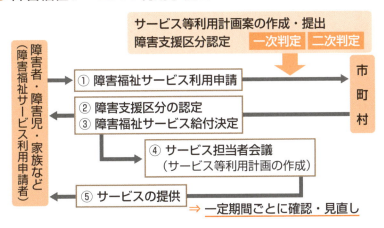

「身の回りの世話や日常生活など」「意思疎通など」「行動障害」「特別な医療」に関連する項目に大きく分類されています。

　一次判定の結果を受けて、上記の訪問調査における特記事項（申請者固有の状況などに関する事項）などを考慮し、市町村審査会による二次判定を経て、障害支援区分の認定結果が申請者に通知されます。

障害支援区分の認定からサービスの提供まで

　申請者は、利用申請後に、相談支援事業者（市町村から指定を受けた業者）または申請者自身が作成したサービス等利用計画案を市町村に提出します。市町村は、障害支援区分の認定結果やサービス等利用計画案の内容を考慮し、障害福祉サービスの内容を決定します。

　その後、相談支援事業者は、サービス担当者会議を開いて、障害福祉サービスを提供する事業者との緊密な連絡を取り、サービス等利用計画を作成します。この計画に基づき、対象の障害者等にサービスが提供されますが、サービスの提供にあたり、障害者等はサービス提供事業者との間でサービス利用契約の締結が必要です。サービスの利用開始後も、一定期間ごとに確認・見直しが実施されます。

2 担当窓口の利用

まずどこに行けばよいのか

障害福祉サービスの利用を希望する場合は、市町村に申請を行います。東京23区の場合は「区」が申請先です。そこで、具体的にいかなる手続きを行えばよいのかを含めて、まずは市町村の担当窓口を訪れ、確認しましょう。

ただし、市町村ごとに担当窓口の名称が異なることに注意しなければなりません。たとえば、生活福祉課、障害者福祉課、障害者支援課、障害施策推進課、地域福祉課、障害者相談室、福祉サービス支援室などの名称がつけられています。担当窓口では、障害福祉サービス給付申請書を受け取り、氏名・生年月日・住所などの必要事項を記入した上で、希望する障害福祉サービスの内容を明記します。その際、利用者の自己負担額の減免などについても同時に申請します。

たとえば、東京都千代田区の場合（2019年3月現在）、障害者総合支援法に基づく障害福祉サービスに関しては「保健福祉部障害者福祉課」が担当窓口となっています。本人（障害者・障害児）やその家族が利用申請を行うことを想定し、身体障害者・知的障害者・精神障害者・難病患者など、障害者福祉全般に関する相談窓口として「保健福祉部障害者福祉課相談支援係」が設置されています。

担当窓口の名称がわからないという理由で、市町村が障害福祉サービスの利用申請を拒否することはありません。手続きを担当している部署がわからない場合は、市町村役場やその支所・出張所に足を運ぶか、市町村の代表電話番号に電話した上で、障害福祉サービスの利用を希望していることを伝え、担当部署に取り次いでもらいましょう。

● **障害福祉サービスの申請窓口**

(例) 東京都千代田区の場合 (2019年3月現在)

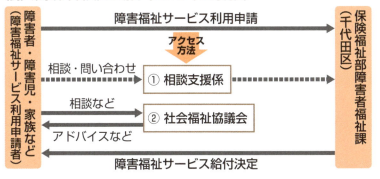

社会福祉協議会に相談してみよう

　市町村の担当窓口に直接アクセスすることに不安を感じる場合は、各地域に設置されている社会福祉協議会（社協）に相談を行う方法もあります。社会福祉協議会は、社会福祉法という法律に基づいて設立されている団体ですが、営利を目的としているわけではありませんので、地域の人々が利用しやすい機関だといえます。社会福祉協議会は、障害福祉サービスを含む社会福祉全般について、地域の人々に対して、必要な情報の広報活動、各種サービス利用の拡大などをめざして、さまざまな活動に取り組んでいます。

　社会福祉協議会は、市町村をはじめとする公的機関、障害福祉を含めたさまざまな福祉サービスを提供する事業者、その他ボランティアグループなど、さまざまな機関や団体に対し、広いネットワークを構築しています。そのため、障害福祉サービスの利用希望者が、社会福祉協議会に相談を行うことで、手続きを行うための申請先や必要な添付書類などについて、アドバイスや手続きの補助などを受けることができます。たとえば、前述した東京都千代田区には「千代田区社会福祉協議会」（ちよだ社協）があります。

第3章 ● 障害福祉サービスを利用するには　　105

3 申請から支給決定まで

介護給付を希望する場合

　障害福祉サービスの利用を希望する場合は、市町村に対してサービス利用申請を行い、市町村からサービス給付決定を受けなければなりません。つまり、利用希望者（障害者・障害児やその家族）の側から申請に基づき、市町村がサービス提供を行うか否かを判断し、サービス提供を認める場合は給付決定を行うシステムがとられています。とくに障害者総合支援法は、障害福祉サービスの利用希望者に対し、申請を行う権利を認めている点が重要です。

　そして、障害福祉サービスは、大きく介護給付と訓練等給付に区別することができますが、それぞれの申請手続きに違いが見られます。それぞれの手続きの特徴を見ていきましょう。

　まず、介護給付の申請手続きについて、利用希望者が申請を行い、市町村が申請を受理した場合は、後述する認定調査員の訪問などによる認定調査が行われます。認定調査では、利用希望者の現在の心身の状況を確認することがおもな目的であり、介護給付費の支給の必要性を判断するための基礎的な資料収集として実施されます。

　介護給付費の受給申請の最も重要な特徴は、障害支援区分の認定手続きを必ず経なければならない点です。障害支援区分の認定手続きは、一次判定・二次判定という2段階の手続きにより構成されています。一次判定では、訪問などによる認定調査の結果などをもとに、コンピュータによる判断が行われます。この一次判定の結果をもとに、市町村審査会が二次判定を行い、障害支援区分の認定が行われます。

　ただし、障害支援区分の認定は、介護給付の支給決定をする上での判断要素のひとつにすぎません。障害支援区分の認定以外にも、サー

● **申請から支給決定まで**

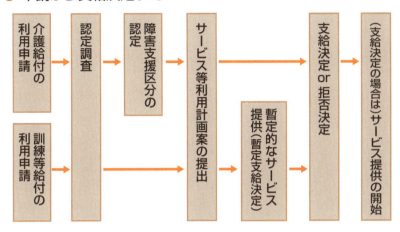

ビス等利用計画案の内容や、障害者の心身の状況、障害福祉サービス事業者の状況なども考慮した上で、介護給付の支給をすべきかどうかが判断されます。

　たとえば、障害者の心身の状況を考慮すれば、介護給付の支給決定が必要と考えられる状況であっても、障害福祉サービス事業者が利用申請者にサービスを提供する体制を整えることができない状況であれば、介護給付の支給が拒否される場合があります。

訓練等給付を希望する場合

　障害者が訓練等給付の申請を行った場合も、認定調査を経て、市町村による訓練等給付の支給決定を受けなければならない点は、介護給付の場合と同様です。

　ただし、訓練等給付の場合は、サービスの利用希望者に対し、暫定的に希望するサービスの提供を認め（暫定支給決定）、その状況を見て正式に支給決定をするか否かを判断するしくみが採用されています。そのため、訓練等給付については、介護給付の場合と異なり、障害支援区分の認定を受ける必要がありません。

4 認定調査

どんなことを調査するのか

　認定調査とは、障害者に対する支援の有無や、支援の程度を判断するために行う調査をいいます。認定調査の内容は、以下のように分類することができます。

① 概況調査票に基づく調査結果

　概況調査とは、障害福祉サービスの利用申請者の日常生活の状況を調査する目的で行われる調査をいいます。概況調査票には、利用申請者の生年月日・年齢・現住所・電話番号・家族の連絡先などの基本情報や、以下のような重要な事項が記載されます。

・認定を受けている各種障害等級などに関する事項

　利用申請者の申請時における、身体障害者等級、身体障害の種類、療育手帳等級、精神障害者福祉手帳等級、障害基礎年金等級、その他の障害年金等級、生活保護の受給の有無などを記入します。

・現在受けている福祉サービスなどの状況

　概況調査票の別紙である「サービスの利用状況票」に、利用申請者の福祉サービスなどの利用状況を詳細に記載します。

・地域生活に関する事項

　利用申請者に関する、外出の頻度、社会活動への参加状況、過去2年間の施設への入所歴・入院歴などを記載します。

・就労に関する事項

　過去の就労経験の有無を含め、利用申請者の就労状況や就労希望の有無について記載します。

・介護者・支援者の有無に関する事項

　利用申請者に関する、現在の介護者や支援者の有無、介護者・支援

● 認定調査票の調査項目（認定調査項目）·····················

調査項目	具体例など
① 移動や動作などに関連する項目	歩行・移動・衣服の着脱・えん下などに関する12項目
② 身の回りの世話や日常生活などに関連する項目	食事・入浴・排尿・排便・薬の管理・金銭の管理・掃除・洗濯などに関する16項目
③ 意思疎通などに関連する項目	視力・聴力・コミュニケーションなどに関する6項目
④ 行動障害に関連する項目	暴言暴行・大声や奇声・支援の拒否・自傷行為・徘徊などに関する34項目
⑤ 特別な医療に関連する項目	点滴の管理・透析・人工呼吸器・気管切開の処置の有無などに関する12項目
⑥ その他	認定調査の際に利用申請者の支援の度合いに関して確認できた事項

者の健康状況などの事項について記載します。

② **認定調査票に基づく調査結果**

認定調査票は、おもに一次判定において必要な80項目の認定調査項目が、大きく6つのカテゴリーに分類されています（上図参照）。各調査項目に複数の選択肢が設定されており、利用申請者にあてはまるものを認定調査員が選択していきます。

③ **認定調査票の特記事項**

認定調査項目について認定調査員が判断に迷う場合は、認定調査票に設けられている特記事項欄に、利用申請者の具体的な状況や判断の根拠を記載する必要があります。

どんな点に注意する必要があるのか

認定調査は、利用申請者1名に対し、認定調査員1名で行うのが原則です。認定調査においては、その結果（認定調査結果）に偏りが出ないように、家族や利用中のサービスを行っている職員など、関係者から広く利用申請者の現在の状況を聴き取る必要があります。

第3章 ● 障害福祉サービスを利用するには　　109

5 支給決定からサービス開始まで

サービス担当者会議

　市町村により障害福祉サービスの支給決定が行われた後は、サービスの利用を希望する障害者等（障害者・障害児）のため、いかなるサービスを提供するのかを確定する必要があります。そのために開かれるのがサービス担当者会議です。サービス担当者会議は、サービス等利用計画案を作成した相談支援事業者が開く会議で、障害福祉サービスを提供する事業者も参加が求められます。

　サービス担当者会議の目的のひとつは、障害福祉サービスを提供する事業者との連絡・調整です。支給決定を受けた障害者等が個人として尊重され、地域において日常生活や社会生活を送るために最適な障害福祉サービスの種類や内容について、検討・協議を行います。

　もうひとつの目的が、個別の障害者等に対し実施するサービスの内容について、サービス等利用計画書を作成することです。サービス等利用計画書の内容は、障害者等にとって最適なサービスを保障するものである必要があることはもちろん、同一の市町村において、同一のサービスが必要な障害者に対しては、可能な限り同一のサービスを平等に保障するという目的も有しています。このように、サービス担当者会議におけるサービス等利用計画書の作成を制度化することで、障害者等にとって適切かつ十分な障害福祉サービスを提供することができるように、ケアマネジメントの制度を整えているといえます。

　なお、サービス担当者会議やサービス等利用計画書の作成について、障害者等の費用負担は発生しません。サービス担当者会議やサービス等利用計画書の作成などに際し、計画相談支援給付費の支給を認めており、費用面からもケアマネジメントの制度を整えています。

● サービス担当者会議と個別支援計画書 ·······················

障害福祉サービス利用申請

障害者 ⟶ **市町村**
⟵
障害福祉サービス支給決定

サービス担当者会議 〈相談支援事業者が開催〉

・障害福祉サービスを提供する事業者との連絡・調整
・サービス等利用計画書の作成

個別支援計画書の作成 〈障害福祉サービスを提供する事業者が作成〉

・サービス等利用計画書に基づいて作成
・障害者等やその家族への交付

▍個別支援計画書の作成

　サービス担当者会議で作成されたサービス等利用計画書に基づき、実際に障害者等に障害福祉サービスを提供する事業者が**個別支援計画書**を作成します。サービス等利用計画書は、ケアマネジメントの柱として、障害者等に提供されるあらゆる障害福祉サービスに共通する項目について定めることを目的としています。これに対し、個別支援計画書は、障害者等に障害福祉サービスを提供する事業者が、各々作成するものであるため、障害者等やその家族の希望に沿って、具体的かつ詳細な計画書となっています。

　個別支援計画書は、おもに以下の手順によって作成されます。

① 　利用者である障害者等の現状確認

② 　個別支援計画書の作成

③ 　障害者等やその家族への説明と個別支援計画書の交付

　個別支援計画書の作成にあたって、事業者は、障害者等が置かれている心身の状況や環境を把握する他、障害者等のニーズなどに応じ、適宜個別支援計画書の見直しが求められます。

第3章 ● 障害福祉サービスを利用するには　**111**

6 サービス等利用計画書

サービス等利用計画書をなぜ作成するのか

　サービス等利用計画書は、障害福祉サービス支給決定がなされた障害者・障害児（利用者）に対し、どのようなサービスを提供するのが適切であるのかを決定するために作成する書類です。サービス等利用計画書の作成目的について、サービスの利用者側の視点とサービスを提供する事業者側の視点を中心に、詳しく見ていきましょう。

① 利用者側の視点

　障害者総合支援法は、障害者等（障害者・障害児）が個人として尊重されて、自立した日常生活や社会生活を送ることができるような支援を行うことを目的としています。可能な範囲で、さまざまな活動を行いたいと考えている障害者等は少なくありません。その障害者等の多様なニーズに応えるため、障害福祉サービスが整備されました。

　障害者等による障害福祉サービスの利用申請に対し、市町村がサービス支給決定をした場合、障害者等は、障害福祉サービスの提供を受けることで、さまざまな活動を展開することが可能になります。しかし、提供される障害福祉サービスが障害者等のニーズに合致していなければ、障害福祉サービスの効果は半減します。そこで、サービスが提供される前に、あらかじめ障害者のニーズとサービスを提供する事業者が提供可能なサービス（内容・質・量）について、調整をしておく必要があります。そのための方法が、前述したサービス利用等計画書だといえます。

② サービスを提供する事業者側の視点

　障害者等に対して障害福祉サービスを提供する事業者は、その障害者等のニーズに合致したサービスを提供すべきです。しかし、人材や

● サービス等利用計画書の主な記載事項 ⋯⋯⋯⋯⋯⋯⋯⋯⋯

主な記載事項	内　容
利用者やその家族の意向（ニーズ）	利用者（障害者・障害児）やその家族の希望を具体的な事項を挙げて記載する
総合的な援助の方針	利用者のニーズを受けて相談支援事業者が設定した援助の方針を記載する
目標	援助を通して達成する目標について短期目標と長期目標を記載する
達成時期	達成可能な時期を記載する
提供するサービスの内容	障害福祉サービスの種類・内容・量や実施する事業者について記載する
利用者本人の役割	利用者側の意向達成にあたり利用者自身が取り組むべき事項を具体的に記載する
評価時期	利用者へのサービス提供時期とふさわしい評価時期を記載する

　設備などの物的資源には限界があり、事業者が持っている資源を効率的に配分しなければなりません。そのため、相談支援事業者が行うサービス利用等計画書の作成に関与することが重要になります。

　さらに、まったく同一の条件にある障害者等はおらず、質・量ともに必要な障害福祉サービスの内容について、明確な基準を設けるのは困難です。障害者等の病状や年齢に応じても、必要になるサービスの内容は変化していくため、サービス利用等計画書に、ある程度共通して必要になるサービスの指針を設けておくことで、サービスを提供する事業者にとって事業運営上の拠り所になることが期待できます。

どんなことを記載するのか

　サービス等利用計画書には、障害者等自身の意思を尊重しつつ、具体的にいかなる目的を設定し、障害福祉サービスを提供すべきなのかを記載します。おもに必要になる記載事項は、P.115図のとおりです。

第3章 ● 障害福祉サービスを利用するには　　**113**

サービス等利用計画書を作成する上での注意点

　サービス等利用計画書を作成する前提として、以下のような点を押さえておく必要があります。

①　障害者等の持っている能力を活用しているか

　サービス等利用計画書が、障害者等自身のニーズに合致していることはもちろん重要ですが、障害福祉サービスの基本は、障害者等が個人として尊重され、地域における日常生活や社会生活を支援することです。その際には、障害者等が持っている能力を最大限活用することが重要です。とくに障害者に対する訓練等給付は、障害者の自立に向けたサービスであるため、障害者自身の能力によっては困難に感じる部分を重点的に支援する計画になることが考えられます。

②　障害者等やその家族のニーズを反映しているか

　障害者等やその家族のニーズに沿った計画の作成にあたり、障害者等が自身の希望を表現することが困難な場合もあります。その場合、障害者等の意向を的確にくみ取るとともに、作成した計画が障害者等に不利な内容になっていないことが必要です。また、実際に作成した計画が、障害者等の生活の質を高める効果を持っているのかどうかを確認することも重要です。

③　支援のバランス・役割分担は適切か

　サービス等利用計画書は、単に必要なサービスの内容を箇条書きのように列挙するために作成するのではありません。障害者等に対する個々のサービスは、互いに連携していなければならず、障害者等の日常生活や社会生活の全体を通じて過不足なくサービスが行き渡ることが重要です。また、障害者等やその家族、相談支援事業者、サービスを提供する事業者の役割分担が明確な内容でなければなりません。

書式 サービス等利用計画書 ·····································

サービス等利用計画・障害児支援利用計画（例）

利用者氏名 （児童氏名）		障害支援区分		相談支援 事業者名	
障害福祉サービス 受給者証番号		利用者負担 上限額		計画作成 担当者	
地域相談支援 受給者証番号		通所 受給者証番号			

計画作成日		モニタリング期間 （開始年月）		利用者 同意署名欄	

利用者及び その家族の 生活に対する 意向 （希望する生活）	
総合的な 援助の方針	
長期目標	
短期目標	

優先順位	解決すべき課題 （本人のニーズ）	支援目標	達成時期	福祉サービス等		課題解決の ための本人の 役割	評価時期	その他留意事項
				種類・内容・量 （頻度・時間）	提供事業者名 (担当者名・電話)			
1								
2								
3								
4								
5								
6								

7 モニタリング

モニタリングとは

　モニタリングとは、サービス等利用計画や個別支援計画の実施状況の把握とそれらの見直しをさします。障害福祉サービスの提供を開始した後、適切なサービスが行われていることを確認するため、定期的にモニタリングが行われます。それは、サービスの利用者（障害者・障害児）の病状や年齢の変化に応じ、必要なサービスの種類や内容が変化することがあるからです。

　たとえば、障害福祉サービス給付決定の当時は、単独歩行が可能であった障害者が、進行性の疾患が原因で、短期間のうちに症状が悪化し、単独歩行が困難になった場合は、新たに歩行を介助するサービスが必要となります。

　このように、提供開始時には必要十分であった障害福祉サービスの内容が、その後の期間経過により不十分な内容になる事態が起こることがあります。そのため、定期的に、提供している障害福祉サービスの種類・内容・量が利用者にとって適切であるのかを見直す機会を設ける必要があります。そのような見直しの機会として、障害者総合支援法ではモニタリングの制度を設けています。

モニタリング期間

　モニタリング期間とは、「6か月ごと」「1年ごと」といったモニタリングを実施する間隔のことで、障害福祉サービス支給決定の際に市町村が指定します。したがって、モニタリング期間は、利用者ごとに異なることを予定していますが、モニタリング期間の標準的な間隔を国が示しています。これをモニタリング標準期間といいます。

● **モニタリングとは**

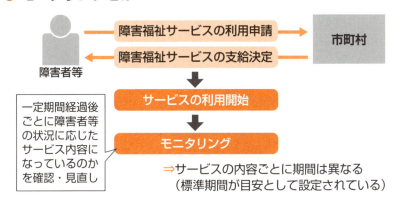

　モニタリング期間については、モニタリング標準期間を参照し、個々の利用者の勘案事項（心身の状況、生活全般の解決すべき課題など）をふまえ、サービス等利用計画案に記載されます。この記載をもとにして、市町村がモニタリング期間を指定します。
　モニタリング標準期間は、以下のように設定されています。

① **新規サービス利用者、サービス変更によりその種類・内容・量に著しく変動があった利用者**

　利用開始から3か月間に限り、標準期間が1か月ごとです。その後は、利用者に応じて②または③の標準期間が適用されます。

② **在宅の障害福祉サービス利用者・障害児通所支援利用者など**

　利用者の身体の状況などに応じ、細かく分類されています。

・**集中的支援が必要な者など**

　標準期間は利用開始から1か月ごとです。

・**就労定着支援、自立生活援助、日中サービス支援型共同生活援助を受けている者**

　2018年度から標準期間は利用開始から3か月ごとになりました。

・**居宅介護、行動援護、同行援護、重度訪問介護、短期入所、就労移行支援、自立訓練を受けている者**

2019 年度から標準期間が利用開始から 3 か月ごとになりました（2018 年度までは 6 か月ごとでした）。

・**生活介護、就労継続支援、共同生活援助（日中援助以外）、地域移行支援、地域定着支援、障害児通所支援を受けている者**

標準期間は利用開始から 6 か月ごとです。ただし、介護保険におけるケアマネジメントを受けていない 65 歳以上の利用者は、2019 年度から標準期間が利用開始から 3 か月ごとになりました。

③　**障害者支援施設、のぞみの園、療養介護入所者、重度障害者包括支援の利用者**

標準期間は利用開始から 6 か月ごとです。

モニタリングを行う際の注意点

モニタリングを行う上では、利用者本人の心身の状況の変化を見落とさないことが重要です。とくに障害福祉サービスの利用開始後に現れた利用者の心身の状況の変化は、障害福祉サービスの内容や、その提供方法が原因となっている場合もあります。利用者の心身の状況の変化を的確にとらえることで、障害福祉サービスの内容を見直すきっかけにすることができます。

そして、利用者の置かれている状況は一定でありません。障害の程度が悪化することもありますが、その他にも、介護を担当する家族構成や家族が介護に携わる頻度が変化する場合もあります。このような変化に合わせて、障害福祉サービスに求める利用者のニーズも変化していきます。定期的なモニタリングを通じ、利用者が障害福祉サービスに抱いているニーズを聴き取ることで、より適切な障害福祉サービスの種類・内容・量を再検討することができます。

モニタリングは、利用者本人のために行われることはもちろんです。その一方で、物的・人的資源が限られた中で障害福祉サービスを提供する事業者にとって、より効率的に多くの利用者のニーズに応えるた

書式 モニタリング報告書 ･･････････････････････････････････

モニタリング報告書（継続サービス利用支援・継続障害児支援利用援助）（例）

利用者氏名 （児童氏名）		障害支援区分		相談支援 事業者名	
障害福祉サービス 受給者証番号		利用者負担 上限額		計画作成 担当者	
地域相談支援 受給者証番号		通所 受給者証番号			

| 計画作成日 | | モニタリング
実施日 | | 利用者
同意署名欄 | |

| 総合的な援助の方針 | 全体の状況 |
| | |

優先順位	支援目標	達成時期	サービス提供状況 （事業者からの聞き取り）	本人の感想・満足度	支援目標の達成度 （ニーズの充足度）	今後の課題・解決方法	計画変更の必要性			その他の留意事項
							サービス種類の変更	サービス量の変更	週間計画の変更	
1							有・無	有・無	有・無	
2							有・無	有・無	有・無	

めにも、定期的なモニタリングの実施が必要不可欠だといえます。

　さらに、相談支援事業者がサービス等利用計画のモニタリングを行う際は、利用者にサービスを提供している事業者の担当者に会って話を聞くのが効果的です。サービスが行われている現場を見ることができれば、どのような環境下でサービスが提供されているのかを知ることができるため、より効果的なモニタリングの実施ができます。

　以上をふまえて実施されたモニタリングの結果は、モニタリング報告書（⇨上図参照）にまとめられ、これに基づき、サービス等利用計画書が修正され、サービスの追加・変更などの申請に利用されます。

第3章 ● 障害福祉サービスを利用するには　**119**

8 利用者負担

利用者負担とは

　障害福祉サービスの実施にあたっては、施設などの設置・管理の費用やサービス提供を行う職員の人件費など、多くの費用が必要になります。そのため、障害福祉サービスの利用者は、サービスを提供する際に、一定の金額を負担しなければなりません。これを**利用者負担**といいます。家計の費用負担能力などを考慮し、以下で述べるように、障害福祉サービスに必要な費用の一部を負担しなければならないことになっています。

応益負担から応能負担へ

　利用者が負担しなければならない金額を決定する方法として、おもに応益負担と応能負担の2つがあります。

① 応益負担

　応益負担とは、利用者が受給したサービスの量を基準に、利用者の負担額を決定する考え方をいいます。障害者総合支援法の前身にあたる障害者自立支援法では、当初、応益負担がとられていました。具体的には、障害福祉サービスとして市町村が支給するのは、サービス料金の9割であり、サービス料金の1割は利用者負担として、障害者等（障害者・障害児）の側が負担しなければなりませんでした。

　応益負担は、負担額がサービスの量に比例していくため、負担額の決定方法が明確であるという側面を持ちます。しかし、同一の障害福祉サービスが必要な障害者等の置かれている経済的事情が同一であるとは限りません。そのため、利用者の負担額が提供されるサービス料金の1割に固定されると、収入の少ない障害者等ほど負担が大きくな

　ります。

　応益負担は、サービスの提供に必要な施設や職員など、サービスを提供する事業者の物的・人的資源に限界があることを前提に、利用者に費用負担の意識を持たせ、無用なサービスの利用を控えてもらう効果があります。しかし、応益負担では、障害福祉サービスによる支援が必要であるにもかかわらず、収入が少ないという理由で必要なサービスの受給を断念してしまうおそれがあります。

　そこで、障害者自立支援法が改正され、2012年4月以降は応能負担に変更されました。これが障害者総合支援法にも引き継がれています。

② 応能負担

　応能負担とは、利用者の経済的事情を考慮し、サービスの量に関係なく、利用者が負担可能な金額（利用者負担額）について支払いを求める考え方です。応能負担においては、利用者が必要とする障害福祉サービスを行き渡らせることを前提に、利用者の経済的事情に応じ、負担可能な金額を利用者負担額として徴収する制度です。

応益負担とは異なり、サービスを必要としている利用者が、サービスの受給を経済的事情により断念する必要はありません。したがって、支援の必要な者に適切な支援を確実に行うという目的に沿った利用者負担額の決定方法だといえます。

障害者総合支援法は、応能負担が原則であることを明示しています。さらに、障害者等の収入が低額であることが多い点などを考慮し、応能負担により算出される自己負担額と、提供された障害福祉サービスの金額の1割に相当する金額とを比較し、後者の1割相当金額のほうが低額である場合、利用者は、サービス利用金額の1割を負担すればよいことにしています。応能負担を採用するとともに、できる限り利用者負担額の軽減をめざしたシステムを採用しているといえます。

さまざまな軽減措置がある

応能負担を採用しても、受給するサービスの内容などによっては、利用者負担額が高額になるおそれがあります。そこで、障害者総合支援法においては、利用者負担額が高額になった場合に備え、さまざまな軽減措置を設けています。

ここでは、最も重要な軽減措置である上限額の設定を取り上げます。上限額の設定とは、障害者等が受給する障害福祉サービスの金額が一定の金額を超えた場合、その上限額までが利用者負担額として支払いを求められ、残りの金額は負担が免除される制度をいいます。

この制度により、障害者等は障害福祉サービスを受給する量に応じ、負担可能な金額について、どこまでも支払いが求められるわけではなく、一定の枠が設定され、その枠を超える金額を負担しなくても、障害福祉サービスを利用することができます。

たとえば、生活保護受給世帯・市町村民税非課税世帯以外の障害者等の上限額は、原則として月額37,200円です。この場合、障害者等が1か月あたり37,200円を超えるサービスを受けても、障害者等の

● 利用者負担の上限額 ·····························

世帯の範囲
- 18歳以上の障害者
（施設に入所している18歳・19歳の障害者は除く）
  ⇒障害者自身とその配偶者が世帯単位
- 障害児、施設に入所している18歳・19歳の障害者
  ⇒障害者等の保護者の世帯が世帯単位

【利用者負担の上限額】

区分	具体的な収入状況	自己負担上限額
生活保護	生活保護を受給している	0円
低所得	市町村民税が課されていない （収入が約300万円以下）	0円
一般1	市町村民税が課されている収入が約600万円以下 ※20歳以上の入所施設利用者・グループホーム 　利用者を除く	月額9,300円
一般2	上記以外	月額37,200円

自己負担額は月額37,200円になるため、それを超える金額を負担する必要はありません。

　なお、上限額の設定については、世帯を単位とし、世帯ごとの所得を基準に上限額を設定します。

　まず、対象になる世帯の範囲については、障害者等の年齢・状況により分類されます。具体的には、18歳以上の障害者（施設に入所している18歳・19歳の障害者を除きます）に関しては、障害者自身とその配偶者を世帯単位とし、上限額が設定されます。これに対し、障害児や施設に入所している18歳・19歳の障害者に関しては、これらの障害者等の保護者の属する住民基本台帳上の世帯を世帯単位とし、上限額が設定されます。

　そして、世帯の収入に応じて、上図のように上限額が決定されます。たとえば、対象の世帯が低所得者である場合は、上限額の設定においても保護の必要性が強いことから、生活保護受給世帯などについては、利用者負担額はゼロ円です。

第3章 ● 障害福祉サービスを利用するには　　**123**

9 医療型個別減免

どんな制度なのか

　医療型個別減免とは、療養介護（障害児の場合は医療型施設の利用も含みます）を利用する障害者等（障害者・障害児）について、医療費と食事療養費の自己負担を軽減するための措置です。

　障害福祉サービス支給決定を受けた障害者等は、サービス等利用計画に基づき、居宅介護を受けたり、デイサービス（通所介護）を利用したりするなど、さまざまな障害福祉サービスを利用します。これら障害福祉サービスの費用は、前述した応能負担により利用者負担額を支払う必要があります（障害福祉サービス自己負担額）。

　その一方で、障害者等は、病院や医療型の入所施設などの医療機関に長期間入院し、療養介護を受けることもあります。療養介護のうち医療に関係する費用（医療費）は、原則として障害福祉サービスにおける介護給付は適用されず、健康保険が適用されます。そのため、療養介護を受ける障害者等は、障害福祉サービス自己負担額とは別に、健康保険に基づく自己負担額を支払わなければなりません。

　さらに、障害福祉サービス自己負担額や医療費以外にも、食事の費用（食事療養費）など日常生活を営むための費用も必要です。

　このように、障害福祉サービス自己負担額に加え、医療費や食事療養費などの支出が必要になると、とくに収入の低い障害者等やその家族にとっては、生活を営むことが困難になるおそれがあります。

　そこで、医療費や食事療養費の自己負担について、障害者等が負担する上限額を設定し、上限額を超える費用は、医療型個別減免による減免を認めることによって、障害者等やその家族に日常生活を営むための資金を残すことを可能にしています。

● 医療型個別減免

個別減免額の算出

① 障害者の認定収入額 － 生活費 ＝ 上限額 の設定
② ①の計算結果 － 障害福祉サービス自己負担額
③ 医療費・食事療養費の合計額 － ②の計算結果 ＝ 減免額

● 減免額の算出例（厚生労働省HP掲載の例を利用）

① 障害者の認定収入額（81,925円）－生活費（28,000円）
＝ 53,925円 上限額

② 53,925円－障害福祉サービス自己負担額（22,900円）
＝ 31,025円

③ 医療費（24,600円）＋食事療養費（14,880円）－31,025円
＝ 8,455円 減免額

具体的にどんな軽減措置があるのか

医療型個別減免の対象になる障害者等は、年齢により分類が行われています。まず、20歳未満の入所者（入院者）に関しては、所得などに基づく要件はありません。20歳未満の入所者は、基本的に保護者の監護下にあることを考慮し、他の子どもを養育する世帯に比べて、保護者が多額の費用を負担することがないよう配慮されています。

これに対し、20歳以上の入所者に関しては、その世帯について市町村民税が課されていないことが必要です。そして、医療型個別減免においては、生活費として障害者に25,000円が残るように医療費・食事療養費の負担上限額を設定します。ただし、障害基礎年金1級受給者、60歳～64歳の入所者、65歳以上で療養介護を利用する入所者については、28,000円の生活費が残るように上限額が設定されます。

たとえば、20歳以上の入所者の具体的な減免額を算出するには、①障害者の認定収入額から生活費の25,000円を差し引いた額を上限額として、②そこから障害福祉サービス自己負担額を差し引き、③残った金額に対して医療費負担額・食事療養費の合計額を上回る金額が、医療型個別減免による減免額ということになります（⇨上図参照）。

第3章 ● 障害福祉サービスを利用するには **125**

10 高額障害福祉サービス等給付費

制度の内容・対象

高額障害福祉サービス等給付費とは、障害福祉サービスの自己負担額や補装具の購入・修理にかかる費用などが、基準額を超え、高額になる場合、障害者等（障害者・障害児）がいる世帯の費用負担の軽減のために支給される金銭です。高額障害福祉サービス等給付費は、介護保険の利用者負担額も対象に含まれ、障害福祉サービスの利用者負担額と介護保険の利用者負担額を合算した金額が基準額を超える場合も、高額障害福祉サービス等給付費が支給されます。

2019年3月現在、基準額は「37,200円」となっています。ただし、1人の障害児が2つ以上の受給者証でサービスを受けている場合、または障害児の兄弟がそれぞれ受給者証でサービスを受けている場合は、受給者証に記載されている利用者負担上限月額のうち、高いほうの額が基準額となります。

高額障害福祉サービス等給付費の支給対象は、障害者等の世帯を基準に支給されます。具体的には、18歳以上の障害者の場合は、障害者本人とその配偶者、18歳未満の障害児の場合は、障害児が含まれる住民基本台帳での世帯（住民票上の世帯）を対象に支給されます。

高額障害福祉サービス等給付費の支給について、合算することができる自己負担額は、以下の4つに限られています。

① 障害者総合支援法に基づく障害福祉サービスの利用者負担額

② 介護保険法に基づく介護保険サービスの利用者負担額

③ 補装具費（補装具の購入・修理の費用）の利用者負担額

④ 児童福祉法に基づく障害児支援サービスの利用者負担額

● 高額障害福祉サービス等給付費の支給対象 ⋯⋯⋯⋯⋯⋯⋯⋯⋯

【高額障害福祉サービス等給付費】

種別	合算対象になる世帯の範囲
18歳以上の障害者（施設に入所する18歳・19歳を除く）	障害のある本人とその配偶者
18歳未満の障害児（施設に入所する18歳・19歳を含む）	保護者の属する住民基本台帳上の世帯（住民票上の世帯）

【（新）高額障害福祉サービス等給付費】

支給要件 （すべてを満たすことが必要）	・65歳に達する日前5年間にわたり、介護保険相当障害福祉サービスの支給決定を受けていた ・65歳に達する前日の属する年度に市町村民税非課税または生活保護受給など ・65歳に達する前日の障害支援区分が2以上 ・65歳に達するまでに介護保険サービスを利用していない
償還額	介護保険サービスで支払った2018年4月利用分以降の利用者負担額をすべて償還する

▌具体的にどうなるのか

　たとえば、双方が障害者であるＡＢ夫婦につき、Ａの障害福祉サービス利用者負担額が月3万円、Ｂの障害福祉サービス利用者負担額が月2万円の場合、世帯負担合計額は月5万円であるため、月12,800円（5万円−37,200円）の高額障害福祉サービス等給付費が支給されます。

▌どこにどんなことを申請するのか

　高額障害福祉サービス等給付費は、利用者負担額を支払った後、市町村に支給を申請し、申請が認められると基準額を超える金額が支給されます。これを償還払いといいます。

　なお、2018年4月より「（新）高額障害福祉サービス等給付費」が導入されました。この制度は、一定の支給要件（⇨上図）を満たす65歳以上の者が支払った介護保険サービスの利用者負担額を、本人からの申請に基づいて、すべて償還する制度です。

第3章 ● 障害福祉サービスを利用するには　**127**

11 障害児の利用者負担

利用者負担の上限額について

　障害児とは、障害のある 18 歳未満の者ですが、障害児の利用者負担（自己負担）の上限額については、20 歳未満の入所施設の利用者も含めて考えます。

　障害児に対する支援の方式は、おもに通所と入所の 2 種類に分類することができます。通所支援を希望する場合、申請先は市町村であるのに対し、入所支援を希望する場合、申請先は都道府県です。

　もっとも、双方の支援について、障害児の利用者負担の上限額が設定されており、上限額を超える負担を求められることはありません。この上限額は世帯収入によって決定します。つまり、障害児については、障害児を単位とするのではなく、障害児が含まれる住民基本台帳上の世帯を単位として上限額を決定します。20 歳未満の入所施設の利用者についても、同様に世帯収入によって決定します。

具体的にどんな軽減措置があるのか

　障害児に関するサービスについて、障害児の利用者負担は、世帯収入に応じた限度額が設けられています。具体的な上限額は次ページの図のとおりです。

　この上限額以外にも、障害児の利用者負担についての軽減措置が認められています。おもな軽減措置は、以下のとおりです。

① 障害児に関する医療型個別減免

　障害児や 20 歳未満の施設入所者が、医療型施設に入所する場合や療養介護を利用する場合に、所得の多寡に関係なく、医療型個別減免が認められます。障害児の医療型個別減免は、生活費として最低限度

● 障害児に関するサービスの上限額の設定 ┈┈┈┈┈┈┈┈┈┈

障害児の区分	具体的な収入状況など		負担の上限金額
生活保護	生活保護受給世帯		0円
低所得	市町村民課税非課税世帯		0円
一般1	市町村民課税世帯 (収入が約890万円以下)	通所施設の利用など	4,600円
		入所施設の利用	9,300円
一般2	上記以外の世帯		37,200円

の金銭を残すことを目的にしています。具体的には、障害児については、34,000円が残るように配慮されています。これに対し、18歳以上の施設入所者については、一般の障害者と同様に、25,000円が生活費として残るよう規定されています。

　医療型個別減免の上限額は、地域で子どもを育てるのに必要な出費を5万円（「一般2」は79,000円）とした上で、そこから手元に残すべき34,000円（「18歳以上の施設入所者」は25,000円）を差し引いた金額を利用者負担の上限額とします。この上限額から障害福祉サービスの利用者負担額を差し引き、残った金額よりも医療費・食事療養費の合計額が上回る場合に、その上回った部分の費用が医療型個別減免による減免額となります。

② 福祉型施設の入所に関する食費などの減免

　20歳未満の者が福祉型施設に入所する場合には、所得の多寡に関係なく、地域で子どもを養育する費用（原則として5万円、「一般2」にあたる世帯の場合は79,000円）と同様の負担となるように、補足給付が行われます。

③ 通所施設の利用時の食費の減免

　通所施設の利用にあたっては、「低所得世帯」「一般1」にあたる世帯の障害児について、食費負担の軽減が認められています。

第3章 ● 障害福祉サービスを利用するには

12 補足給付費

補足給付費とは

　補足給付費とは、障害者が施設などを利用した場合の食費や光熱水費（電気代・ガス代・水道代）などに対し、障害者の生活費として一定の金額を確保するために給付される金銭をいいます。なお、障害児や20歳未満の施設入所者は、前項目（P.129）の「福祉型施設の入所に関する食費などの減免」「通所施設の利用時の食費の減免」に基づき給付が行われます。

どんな補足給付費があるのか

　おもな補足給付費として、①20歳以上の障害者が入所施設を利用した場合に給付される補足給付、②通所施設利用者に対する補足給付、③グループホーム利用者に対する補足給付が認められています。

①　入所施設の利用者に対する補足給付

　入所施設を利用する障害者に対する食費・光熱水費の実費負担額については、施設ごとに決定することを認めていますが、1か月あたり53,500円を上限としなければなりません。

　そして、低所得者に関しては、基準額を53,500円として設定し、障害基礎年金などの年収から食費・光熱水費を差し引いた金額が25,000円（障害基礎年金1級の障害者の場合は28,000円）を下回ることができません。つまり、少なくとも25,000円（28,000円）を生活費として残すため、食費・光熱水費と年収との差額が25,000円を下回るときに、不足分の金額を補足給付として支給するしくみとなっています。

　なお、障害者の収入が勤労に基づく場合、24,000円以下の所得は収

130

● 入所施設の利用者に対する補足給付費（月額）……………

入所施設利用者の食費・光熱水費の負担額

【原 則】障害者は施設が定めた費用を負担する

⇒ただし、53,500円を超える負担額を定めることはできない（上限額）

【低所得者に対する補足給付費】

① 障害基礎年金収入 − 食費・光熱水費 ＜ 25,000円
（障害基礎年金1級の障害者については28,000円）

② 25,000円に不足する金額について補足給付費が支給される
⇒生活費として、25,000円を確保することができる
（勤労による収入は24,000円まで収入に含めなくてよい）

入として認定しません。24,000円を超えても、超過した金額の30％までは収入として認定しない措置がとられています。

② **通所施設利用者に対する補足給付**

通所施設者については、障害者の所得区分のうち「低所得」「一般1」に該当する者が補足給付の対象になります。つまり、市町村民税が課されない者や、市町村民税が課されていても年収が約600万円以下の者（グループホームの利用者も含みます）は、光熱水費を負担する必要がなく、施設ごとに設定する食費（食材料費）のみを負担することになります。これによって、障害者の負担額は、実際にかかる金額の約3分の1程度におさえることができます。

③ **グループホーム利用者に対する補足給付**

障害者の所得区分のうち「生活保護」「低所得」に該当する者が、グループホームを利用する場合の家賃に対する補足給付です。重度障害者等包括支援の一環としてグループホームを利用する場合も含まれます。具体的には、障害者が負担する家賃について、利用者1名あたり月額1万円を上限として補足給付費が支給されます。

13 不服審査の申立て

どんな場合に申立てをするのか

　不服審査の申立てとは、障害支援区分の認定や障害福祉サービスの支給決定の内容などに不服のある者が、都道府県知事に審査請求をして不服を申し立てる制度のことです。

　障害福祉サービスなどを利用するため、市町村に申請し、認定や決定を受けても、必ずしも障害者等（障害者・障害児）が納得できる認定や決定であるとは限りません。認定や決定が適正でなくても、その認定や決定を受け入れるしかないとすれば、障害者等の権利が侵害されることになりかねません。また、適正な認定や決定が行われていない状態では、安心して障害者総合支援法が用意するサービスを利用することができません。適正な認定や決定が行われていない状況は、その認定や決定を受けた障害者等だけでなく、地域の住民全体にとって不合理な状況といえます。そこで、障害者等の権利を保障するとともに、認定や決定をする市町村の適正な運営を確保するため、不服審査の申立てを認めています。

　不服審査の申立てが認められるおもな場合として、障害支援区分の認定・変更認定、障害福祉サービスの支給決定、利用者負担に関する決定が挙げられます。障害福祉サービスの支給決定は、支給の要否、サービスの種類、有効期間などの決定が含まれます。利用者負担に関する決定は、利用者負担の上限額に関する決定などです。

どのような機関が審査をするのか

　市町村による認定や決定に不服がある場合、都道府県知事に審査請求を行います。なぜなら、認定や決定をした市町村よりも、都道府県

● 不服審査の申立てのしくみ

（例）障害者に対する障害支援区分認定

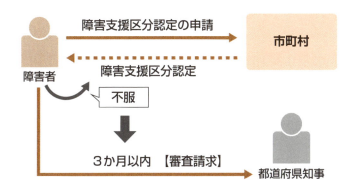

知事のほうが公平かつ客観的な判断を期待することができるからです。

都道府県知事は、審査請求を取り扱うため、障害者介護給付費等不服審査会（不服審査会）を設置することができます。不服審査会の設置は任意ですが、審査請求には専門的な判断が必要であるため、設置することが望ましいとされてます。

審査請求の手続きについて

都道府県知事への審査請求ができるのは、市町村の認定や決定に不服がある障害者や障害児の保護者です。審査請求は、認定や決定が行われたことを知った日の翌日から数えて3か月以内に、文書か口頭で行わなければなりません。

都道府県知事は、審査請求が行われたときは、市町村や利害関係人に通知をします。通知を受けた市町村や利害関係人は、弁明書を提出します。弁明書には、認定や決定が適正である理由などが記載されます。その後、審査請求をした者は、弁明書に対する反論書を提出することができます。それから、不服審査会が認定や決定について審査を行い、この審査に基づいて都道府県知事が裁決を行います。

Column

成年後見制度のしくみと問題点

　成年後見制度は、おもに財産管理の側面から、判断能力が不十分な者を保護するための制度で、大きく法定後見制度と任意後見制度に分類されています。法定後見制度では、家庭裁判所への申立てに基づき、判断能力の不十分さの程度に応じ、成年後見人、保佐人、補助人が選任されます。任意後見制度では、判断能力が低下する前に、本人が信頼できると考えられる者（任意後見受任者）との間で任意後見契約を結び、その後に判断能力が低下した段階で、任意後見受任者が任意後見人として、本人の財産管理を行うことになります。つまり、任意後見制度では、事務処理を任せる相手を本人が選択できますが、法定後見制度では、成年後見人などが選任される時点では、本人が十分な判断能力を持っていない点から、家庭裁判所が職権で選任します。

　しかし、成年後見制度に関しては、家庭裁判所が成年後見人などに親族を選任するケースが3割程度にとどまり、弁護士や司法書士などの専門家を選任するケースが多く、面識のない専門家が選任されてしまうリスクがあります。また、とくに専門家である成年後見人などに支払う報酬の負担や、その算定基準の不透明さが指摘されています。その他、選任された専門家が職務を十分に果たさないなどの不正も報告されています。

　そのため、成年後見制度は十分に活用されているとはいえない状況です。そこで、成年後見制度の活用を促進するため、必要なサポートを充実させた上で、家庭裁判所が親族を成年後見人などに選任することを基本とし、業務量・難度に応じて報酬を決定するなど、活用しやすい制度づくりに向けた議論が進められています。

第4章

サービス提供事業者になるための知識

1 障害福祉サービス事業

障害福祉サービス事業とは

　障害福祉サービスにはさまざまな種類があるため、障害福祉サービスを利用する障害者等（障害者・障害児）やその家族にとっては、どの種類のサービスを選べばよいのか、たとえ選択したとしても、サービスの内容や量はどうすればよいのか、簡単には決められません。

　そこで、サービス提供にあたっては、市町村から指定を受けた相談支援事業者（指定特定相談支援事業者）が、障害者等の状態や意向を確認し、サービス等利用計画を作ります。この計画に基づいて、都道府県知事（地域によって市の場合もあります）から指定された障害福祉サービス事業者（指定障害福祉サービス事業者）が、個々の障害者等に対してサービスを提供します。

　サービス等利用計画の作成や障害福祉サービスの提供には、事業者の技術や知識はもちろん、一定の経験や資格が必要です。国は一定の基準を設け、その基準を満たす事業者を指定し、その事業者が障害福祉サービスを提供します。これにより、利用者が障害福祉サービスを安心して受けることができ、サービスの質の確保も可能になります。

障害福祉サービス提供の事業を始めるための手続き

　障害福祉サービスを提供しようとする事業者は、サービスを提供する事業所ごとに、都道府県知事（地域によって市が指定する場合もあります）から指定を受ける必要があります。指定を受けた事業者を「指定」障害福祉サービス事業者と呼ぶのはこのためです。

　指定を受けるためには、国が定めた基準（指定基準）を満たすことが必要です。指定基準は細かく定められていますが、①施設の管理者

● 障害福祉サービス事業を始めるための手続き ………………

障害福祉サービスの提供を希望する事業者

⇒ <u>国が定める基準（指定基準）を満たして、</u>
「指定障害福祉サービス事業者」の指定を受ける必要がある

① **人員基準**　施設の管理者などに関する基準

② **設備基準**　居住用の必要なスペースの確保などに
関する基準

③ **運営基準**　防災体制・衛生管理などに関する基準

**指定基準を満たした上で、申請書や添付書類を
提出し、都道府県知事から指定を受ける**

の配置などに関する人員基準、②居住スペースの確保などに関する設備基準、③必要な防災体制や衛生管理などに関する運営基準、の3つに大きく分けることができます。

　ここでは、障害福祉サービスを提供する事業を始めるための、おおまかな流れについて、簡単にまとめておきます。

　指定を受けようとする際は、まず、各都道府県の担当窓口で事前相談を受けます。サービスを提供しようとする事業所の平面図や事業計画書などを持参すると、指定基準に照らして、申請に向けた具体的な話をすることができます。

　次に、指定基準を満たした上で、申請書などの必要な書類一式を都道府県知事に提出して、指定の申請を行います。その後、書類審査があり、必要に応じて追加・修正の書類を提出します。審査の結果、不備などがなければ、指定を受けることができます。

　事業所の指定に関する手続きは、各都道府県によって若干異なる場合があります。東京都の場合は、事業開始日の前々月の末日までに申

請書類を提出する必要があります。たとえば、4月1日から事業を開始しようとする場合、2月末が申請書類の締切日となります。

さらに、指定を受けること以外にも、サービスを提供する事業所について、消防法、建築基準法、都市計画法、その他の関係法令に定められた基準を満たす必要があります。

指定前の留意点とは

指定障害福祉サービス事業者として指定を受けるには、次の点に留意する必要あります。

① 申請者が法人格を有していること（株式会社、NPO法人など）
② 定款や登記簿謄本の目的欄に申請するサービスについて記載すること
③ 経営が安定するまでの運転資金を確保すること
④ 障害者に関する各種の法令を遵守し、障害福祉サービスの質の向上を図ること
⑤ 指定する事業所ごとに、常に定められた人員基準、設備基準、運営基準を満たすこと
⑥ 申請者が法に規定する欠格事由に該当していないこと

以上の6項目においては、継続的な障害福祉サービスの提供が可能かどうかが問われています。なぜなら、施設に入居する利用者が、運営主体の倒産で住む場所をなくすような不安定な状況に置かれることを避けなければならないからです。また、指定障害福祉サービス事業者は、サービスの質を向上させる努力も欠かせません。

サービスを提供する事業者・施設の種類

前述した指定障害福祉サービス事業者は、指定された事業所において介護給付や訓練等給付といった障害福祉サービスを提供する事業者です。この他にも、障害者福祉に関連するサービスを提供する事業者

または施設として、下記のような種類があります。

① **指定障害者支援施設**

　障害福祉サービスである施設入所支援を行うとともに、自立訓練等を一体的に提供する施設です。

② **指定障害児通所支援事業者**

　障害児に対し、児童発達支援、医療型児童発達支援、放課後等デイサービス、保育所等訪問支援、居宅訪問型児童発達支援のサービスを提供する事業者です。

③ **指定障害児入所施設**

　児童福祉施設のひとつで、福祉型障害児入所施設と医療型障害児入所施設に分かれます。日常生活の指導や独立自活に必要な知識技能の付与を目的にしています。

④ **指定障害児相談支援事業者**

　障害児通所支援の利用を希望する障害児の保護者に対し、障害児の心身の状況などをふまえ、サービスの利用計画（障害児支援利用計画）作成を行う事業者です。

⑤ **指定特定相談支援事業者**

　基本相談支援と計画相談支援を行う事業者です。基本相談支援とは、サービス利用希望者に必要な情報の提供や、助言を行うことをさします。計画相談支援とは、障害福祉サービスの利用を希望する障害のある者に対し、サービス等利用計画の作成を行うことです。

⑥ **指定一般相談支援事業者**

　基本相談支援と地域相談支援を行う事業者です。地域相談支援とは、施設に入所している者などが、地域生活へ移行するための支援です。

　なお、運営主体について、①指定障害者支援施設、③指定障害児入所施設は、国・地方公共団体・社会福祉法人など特定の法人であることが必要で、株式会社やNPO法人などは参入できません。その他については、株式会社やNPO法人などの参入も可能です。

2 指定を受けるために必要な基準

どんな基準があるのか

障害福祉サービスに関する基準には、事業所を運営するために満たすべき基準として「指定基準」「最低基準」があります。指定を受けるためには、それぞれの基準を満たす必要があります。

指定基準とは、給付対象となる障害福祉サービスの質を確保するために定められている基準です。これに対し、**最低基準**とは、施設を必要とする障害福祉サービスについて、適正な事業運営を確保するために定められている基準です。

指定基準と最低基準の両方で、人員基準、設備基準、運営基準が定められています。そのため、両方の基準が適用される障害福祉サービスについては、両方の基準を満たすことが必要ですが、指定基準だけが適用される場合は、指定基準を満たせばよいことになります。

それぞれの基準でのみ定められている事項もあります。指定基準においては、自立支援給付（介護給付・訓練等給付など）の事務処理の取扱いに関する基準が定められています。重要事項書面の交付や領収書の交付などがこれにあてはまります。これに対し、最低基準においては、施設規模、建築構造設備、管理者の資格要件といったサービスを提供する施設に関係する基準が定められています。

指定基準・最低基準は、2012年度までは国（厚生労働省）が制定していましたが、2013年度以降は都道府県（地域によって市の場合もあります）が条例で制定しています。基本的には国が定めていた基準を引き継いでいますが、地域の実情に応じた基準が定められていることもあります。たとえば、大地震などの災害の想定地域では、非常時の災害対策の措置を事業者がとるよう定めておくことも可能です。

● 指定基準と最低基準

障害福祉サービス事業者 ⇒ 人員基準・設備基準・運営基準を満たす必要がある

検討過程

都道府県条例によって最低基準・指定基準が制定されている（基準は共通する内容が多いが、地域の実情に応じた事項もある）

指定基準 給付対象となるサービスの質を確保するための基準
（例）重要事項書面の交付、領収書の交付

最低基準 適正な事業運営を確保するための基準
（例）施設規模、建築構造設備、管理者の資格要件

人員基準・設備基準・運営基準を満たす必要がある

　障害福祉サービスを提供したい事業者は、一定の基準を満たし、都道府県知事（地域によっては市の場合もあります）から指定を受ける必要があります。一定の基準の中でも、指定基準と最低基準の両方に定めがある人員基準・設備基準・運営基準が重要な要素です。これらの基準は、障害福祉サービスごとに定められています。

　たとえば、療養介護では、医師・看護職員・生活支援員・サービス管理責任者を配置する必要があり、利用者の定員に応じて配置する人数も決まっています（人員基準）。病院として必要な設備や多目的室などの設置も必要です（設備基準）。生活介護では、医師・看護職員・理学療法士または作業療法士・生活支援員・サービス管理責任者を配置しなければなりません（人員基準）。設備としては、訓練室・相談室・洗面所・トイレ・多目的室などを備える必要があります（設備基準）。運営基準については、運営規程の整備、サービス提供の記録、利用者負担額の管理などが定められています。

3 サービス管理責任者

どんなことをするのか

　障害福祉サービスを提供する上で中心的な役割を担っているのがサービス管理責任者です。障害福祉サービス全般においても「計画」「実行」「評価」「改善」というPDCAサイクルが重視されています。このPDCAサイクルを回していくことが、サービス管理責任者のおもな業務となります。具体的な業務の流れを確認しておきましょう。

①　利用者との面談を行います。同時に、利用者の状況や意向を確認します（アセスメント）。

②　個別支援計画の作成を行います。この際、支援目標（到達目標）などの設定も行います。

③　個別支援計画を実施します。通常はサービスを提供する事業所の職員が行うため、職員への指導や助言なども必要です。

④　個別支援計画の実施状況を評価します（モニタリング）。

⑤　個別支援計画の見直しを行います。

　サービス管理責任者は、療養介護や生活介護などの施設サービスに配置される責任者です。これに対し、居宅介護や行動援護などの在宅サービスには、サービス提供責任者が責任者として配置され、サービス管理責任者は配置されません。どちらも障害福祉サービスの中心的役割を担っていることは共通します。しかし、サービス提供責任者の場合は、介護保険により提供される訪問介護サービスの責任者としての性格も持っています。サービス提供責任者は、訪問介護サービスにおいては、ケアマネジャーのケアプランに基づく訪問介護計画書の作成や、ホームヘルパーの指導・育成・調整などの業務を担当しています。

● サービス管理責任者

【サービス管理責任者の業務】⇒ PCDA サイクル

Plan：計画 利用者との面談、状況・意向の確認（アセスメント）
個別支援計画の作成、支援目標の設定

Do：実行 個別支援計画の実施

Check：評価 個別支援計画の実施状況の評価（モニタリング）

Action：改善 個別支援計画の見直し

【サービス管理責任者になるための要件（直接支援業務）】

実務要件 施設などで8年以上（介護福祉士・看護師などの有資格者は3年以上）介護業務に従事していた者
※基礎研修は実務要件を満たす2年前より受講可能

研修の修了 基礎研修・サービス管理責任者等実践研修の修了
サービス管理責任者等更新研修の受講（5年ごと）

どんな人がなれるのか

　サービス管理責任者は、事業所ごとに配置するとともに、原則として常勤専従であることが必要とされています。サービス管理責任者になるためには、一定の実務要件（実務経験）と研修の修了が必要になります。実務要件は、直接支援業務（介護や職業訓練などに関する業務）の場合、施設などで介護業務に従事していた者は8年以上、介護福祉士や看護師などの資格がある者は1年以上が必要です（基礎研修は実務要件を満たす2年前より受講可）。研修については、基礎研修とサービス管理責任者等実践研修の修了が必要で、さらに、5年ごとにサービス管理者等更新研修を受講しなければなりません。

　サービス管理責任者とは別に、管理者（防災管理者など）を選任する必要のある事業所もあります。管理者は施設管理の責任者、サービス管理責任者はサービス提供部門の責任者の職責を負っています。小さい事業所では兼務していることもあります。

第4章 ● サービス提供事業者になるための知識 **143**

Column

事業者が受け取る報酬のしくみ

　障害福祉サービス事業者は、サービス提供の対価として利用者から報酬を受け取ります。報酬の算定基準は国が決定しており、3年ごとに改定が行われます。事業者が自由に報酬額を決定することができるわけではありません。3年ごとの改定に際し、国は必要なサービスを増やすため、報酬単位数を引き上げ、逆に過剰になったサービスの報酬単位数を引き下げ、サービスの需給を調整します。

　報酬単位数はサービスごとに決められています。居宅介護のうち身体介護を30分未満提供した場合を例に挙げると、サービスの報酬単位数は248単位と決められています。この報酬単位数を10倍してから、地域ごとに設定されている割合（地域区分ごとの割合）を掛けて、事業者の報酬額を決定します。報酬単位数は全国一律ですが、地域区分ごとの割合で地域の物価や賃料の差異などが考慮されます。

　たとえば、2018年度のさいたま市における地域区分ごとの割合は「1.090」（居宅介護の場合）ですから、さいたま市内で身体介護を30分未満提供した事業者は、報酬額を2,703円（248 × 10 × 1.090）受け取ることができます。この計算された報酬額のうち、サービスの利用者が原則1割を負担します。残りの9割が介護給付費または訓練等給付費として支給されます。

　報酬額については、夜間早朝のサービス提供や看護師の配置などに対する加算や、定員超過や人員欠如などに対する減算が行われます。加算をして報酬を増やすことで、事業者のサービス提供への取り組みを評価する一方、サービス提供の状況に問題がある場合は減算して事業者にペナルティを与えます。

第5章

障害児を支援する制度

1 障害児のための施設

障害児支援に関わる法律はどうなっているのか

　以前は、障害者自立支援法と児童福祉法の2つの法律により、施設を通じた障害児支援が行われていました。障害者自立支援法では、児童デイサービスが提供され、児童福祉法では、障害の種別に応じて、さまざまな通所サービスと入所サービスが提供されていました。

　しかし、2012年4月以降は、施設を通じたサービスの根拠になる法律が児童福祉法に一元化されました。以前は、知的障害児や重症心身障害児などの障害の種別によって分かれていた施設が、児童福祉法への一元化によって、サービスの内容に応じて、市町村が提供する**障害児通所支援**と、都道府県が提供する**障害児入所支援**に大別されました。

　自宅から施設に通ってサービスを受ける通所支援は、地域における障害児のニーズやサービス提供事業者の数を把握している市町村のほうが、より効果的にサービスの提供が可能です。これに対し、入所支援の場合は、都道府県単位でどの施設を設置するのかを決めたほうが、障害の特性に応じた専門性の高い施設運営が可能です。このような視点から、市町村と都道府県の役割分担が図られています。

　なお、居宅介護、同行支援、行動援護などの施設以外におけるサービスの提供や、短期入所（ショートステイ）に関しては、障害児の場合も障害者総合支援法に基づいて行われます。

障害児通所支援と障害児入所支援

　障害児のための施設は、以下のように分類されています。①～⑤が障害児通所支援にあたり、⑥・⑦が障害児入所支援にあたります。

① 児童発達支援

● 障害児のための施設の体系

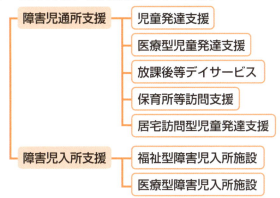

　日常生活における基本的な動作や知識技能の指導、集団生活への適応訓練などの支援を行います。
② **医療型児童発達支援**
　児童発達支援サービスに加え、医療の提供を実施します。
③ **放課後等デイサービス**
　授業の終了後や休校日に、生活能力向上のための訓練や社会との交流などの支援を行います。
④ **保育所等訪問支援**
　保育所などを訪問し、障害児に対し、障害児以外の児童との集団生活に適応するための専門的な支援がなされています。
⑤ **居宅訪問型児童発達支援**
　重度の障害などによって外出困難な障害児の自宅を訪問し、発達支援を行います。2018年4月に創設された新しいサービスです。
⑥ **福祉型障害児入所施設**
　障害児の保護、日常生活の指導、知識技能の付与を実施しています。
⑦ **医療型障害児入所施設**
　福祉型障害児入所施設の支援に加え、医療の提供を行います。

2 児童発達支援

児童発達支援とは

　障害児通所支援のひとつである児童発達支援は、児童福祉施設として定義された児童発達支援センターと児童発達支援事業の2種類に分かれます。どちらも事業所に通いながら、療育や自立した生活のための支援を受けることができます。具体的には、日常生活における基本的な動作の指導、知識技能の付与、集団生活への適応訓練などが行われます。児童発達支援を含めた障害児通所支援を利用することは、障害児の家族が介護から一時的に解放され、心身の疲労などを回復させることにも役立っています。

　児童発達支援センターは、地域における障害児支援の中核的な役割を担っています。さらに、専門的機能を活かし、地域の障害児やその家族への相談支援や、障害児を預かる保育所などへの訪問支援をあわせて行い、ワンストップで障害者支援を行うことが可能な施設となっています。これに対し、児童発達支援事業は、もっぱら障害児やその家族に対する支援を行う身近な療育の場です。児童発達支援センターが質の確保をめざしているのに対し、児童発達支援事業は量の確保を目的として設置されています。

　児童発達支援センターは、1つの市町村または複数の市町村で1～2か所程度の設置が想定され、児童発達支援事業は、各市町村で複数の設置が想定されています。このようにすることで、住み慣れた身近な地域で効果的な障害児支援を受けることが可能となっています。

　児童発達支援の対象となるのは、未就学の児童のうち、身体に障害のある者、知的障害のある者、精神に障害のある者です。身体・知的・精神の3障害に対応するのを原則としていますが、それぞれの障

● **児童発達支援とは**

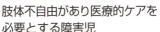

対象の施設が医療法上の診療所の指定を受けているか？

No → 児童発達支援

児童童発達支援センター
⇒地域の障害児やその家族への相談支援や障害児を預かる保育所などへの訪問支援により、ワンストップで障害者支援を行う

児童発達支援事業
⇒利用障害児やその家族に対する支援を行う身近な療育の場

【対象】
身体障害児、知的障害児、精神障害児

Yes → 医療型児童発達支援

【対象】
肢体不自由があり医療的ケアを必要とする障害児

⇒児童発達支援の他に、理学療法士による機能訓練や医療的管理下での支援などが行われる

※看護師・理学療法士・作業療法士の配置が必要

害の特性に応じてサービスを提供することも可能となっています。

そして、障害者手帳の有無に関係なく、児童相談所、市町村保健センター、医師などにより療育の必要性が認められた未就学の児童が、児童発達支援の対象です。

医療型児童発達支援とは

医療型児童発達支援は、医療法上の診療所の指定を受けている児童発達支援センターや指定医療機関において、前述した児童発達支援に加え、理学療法士による機能訓練や医療的管理下での支援などを行う施設です。医療型児童発達支援については、肢体不自由があり、医療的ケアを必要とする障害児が対象となっています。

医療型児童発達支援では、障害児に対する医療的なケアが必要なため、医師、看護師、理学療法士または作業療法士の配置が義務づけられています。

3 外出が困難な児童の発達支援

どんなサービスなのか

2012 年に施設を通じた障害児支援が児童福祉法に一元化された際、児童通所支援の拡充が行われました。なぜなら、複数の児童が集まる通所支援が児童の成長にとって望ましいと考えられていたからです。

しかし、重度の障害のために児童発達支援センターなどに通うことが困難な障害児に対する支援が手薄になっていました。そこで、2018 年 4 月に居宅訪問型児童発達支援が創設されました。

居宅訪問型児童発達支援は、障害児の居宅を訪問し、日常生活における基本的な動作の指導、知能技能の付与などを行います。児童発達支援や放課後等デイサービスにおける支援を外出困難な障害児の自宅に訪問して提供します。具体的な支援内容は、手先の感覚と脳の認識のズレを埋めるための活動や、絵カードや写真を利用した言葉の理解のための活動などがあります。

支援の対象者について

居宅訪問型児童発達支援の対象者となるのは、①重度の障害の状態にあるか、または、②重度の障害と同様に重いと考えられる障害であるとして厚生労働省令で定める状態にあって、③児童発達支援などを受けるために外出することが著しく困難である障害児です。

上記②は省令事項となっているため、将来的に児童福祉法を改正しなくても、厚生労働省の判断（省令の改正）によって、居宅訪問型児童発達支援の対象者の範囲を広げることを可能にしています。2019 年 3 月現在、②の厚生労働省令で定められている障害の状態は、次のとおりです。

150

● 居宅訪問型児童発達支援のしくみ

支援の内容	●障害児の居宅を訪問し、日常生活における基本的な動作の指導や知能技能の付与など ⇒手先の感覚と脳の認識のズレを埋める活動、絵カードや写真を利用した言葉の理解のための活動など
支援の対象者となるための要件	① 重度の障害の状態 【または】 ② ①に準じるとして厚生労働省令で定める状態 ・人工呼吸器を装着している状態その他の日常生活を営むために医療を要する状態（医療的ケア児） ・重い疾病のため感染症にかかるおそれがある状態 ③ 児童発達支援などを受けるために外出することが著しく困難と認められる

・人工呼吸器を装着している状態その他の日常生活を営むために医療を要する状態（医療的ケア児）

・重い疾病のため感染症にかかるおそれがある状態

　医療的ケア児を対象者に含めていることも、居宅訪問型児童発達支援の大きな特徴です。医療の発達とともに、人工呼吸器や経管栄養が必要な医療的ケア児が増えています。その一方で、障害児支援を行う事業所では、障害に応じた機器などの受入環境の未整備や、配置されている看護師などの人材の知識不足によって、医療的ケア児などに対応できない場合が多いのが現状です。また、24時間365日介護する家族の負担を軽減することも必要です。

　こうした課題を解決して、重度の障害などのために外出が著しく困難な障害児に児童発達支援を受ける機会を提供するため、新たに居宅訪問型児童発達支援を創設したという経緯があります。

第5章 ● 障害児を支援する制度　**151**

4 放課後等デイサービス・保育所等訪問支援

放課後等デイサービスとは

　障害者自立支援法に基づき提供されていた児童デイサービスは、2012年4月以降、児童福祉法への一元化にともない、児童発達支援と放課後等デイサービス分けられました。前述した児童発達支援が未就学の障害児が対象となるのに対し、放課後等デイサービスは就学中の障害児が対象となります。

　放課後等デイサービスは、学校通学中の障害児に対し、放課後や夏休みなどの長期休暇中、生活能力向上のための訓練や社会との交流を継続的に提供します。そして、障害児が通う学校と連携しながら、自立の促進を行うことを目的としています。放課後等デイサービスでは、一人ひとりの状態に合った放課後等デイサービス計画（個別支援計画）に沿って発達支援を行います。具体的には、次のような基本活動を組み合わせて支援を行うことが求められます。

① 自立支援と日常生活の充実のための活動
② 創作的活動、作業活動
③ 地域交流の機会の提供
④ 余暇の提供

　放課後等デイサービスを利用する障害児やその保護者のニーズはさまざまなので、提供される支援内容は多種多様であることが求められます。また、学校と放課後等デイサービスとのサービスの一貫性が求められ、学校との連携・協働が必要不可欠です。

　「平成29年社会福祉施設等調査」によれば、2014年10月時点の放課後デイサービスの事業所数は5,267でしたが、2017年10月時点の事業所数は11,301に急増しています。障害児通所支援の中でも事業

152

● **放課後等デイサービス・保育所等訪問支援のしくみ**

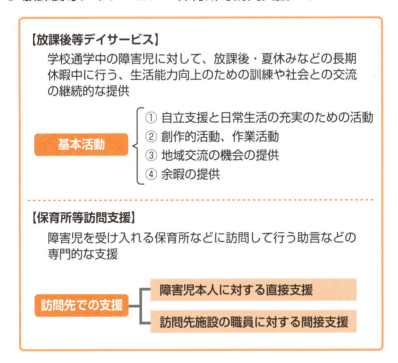

　所数や利用者数が最も多い支援となっています。

　その背景には、仕事を持つ保護者が多く、放課後や長期休暇中の療育に対するニーズがあったこと、資格要件などの基準で比較的認可が得やすく利益も大きいという理由で株式会社などの新規参入が増えたことがあります。このような事業所数の拡大の一方で、テレビを見せているだけというような一時預かりの支援内容があるなど、本来の目的を満たさない事業所も増えてきました。

　そのため、2015年に「放課後等デイサービスガイドライン」が厚生労働省によって策定され、運営上の基本的な事項が示されました。さらに、相次ぐ報酬改定によって算定基準が厳格化され、収入が減少する事業所が増えています。

放課後等デイサービスの対象者について

　放課後等デイサービスは、学校教育法に規定する学校（幼稚園や大学を除きます）に就学する障害児が対象です。障害児の定義は、児童発達支援と同様、身体に障害のある児童、知的障害のある児童、精神に障害のある児童です。年齢は6歳から18歳までが原則ですが、引き続き放課後等デイサービスを利用しなければ、安定した生活環境に支障が出るおそれがある場合には、満20歳に達するまで利用できます。

　なお、学校教育法に規定する学校には、小学校、中学校、特別支援学校、高等学校などがあります。

保育所等訪問支援とは

　以前の障害児に対する発達支援は、通所事業所や入所施設などの特別な環境下で提供されてきました。しかし、障害児が障害児以外の児童とともに暮らすという共生社会を実現するためには、障害児が障害児以外の児童との集団生活に適応することができるような環境が必要だと考えられます。

　そのような背景から、障害児に対する施設サービスが児童福祉法へ一元化され、それにともない、2012年4月に保育所等訪問支援が創設されました。子どもの発達障害は、保育所などの集団生活の場で気づくことが多く、家庭での個別対応では発見することができず、障害児通所支援を利用しないことがあります。また、障害児通所支援から保育所等に移行した障害児に対するフォローが不十分な場合もあります。このような通所支援や入所支援ではカバーすることが難しい部分を保育所等訪問支援が担っています。

　保育所等訪問支援のおもな事業内容は、集団生活への適応を支援するため、保育所等を訪問することです。訪問先においては「障害児本人に対する直接支援」と「訪問先施設の職員に対する間接支援」を行います。訪問先である保育所等の範囲は、保育所、幼稚園、認定こど

も園、小学校、特別支援学校など、障害児が通所して集団生活を送る施設です。その他、市町村が認めれば、放課後児童クラブ、中学校、高等学校も対象となります。

保育所等訪問支援は、障害児通所支援のひとつですので、障害児本人に対する直接支援は必須項目となります。直接支援では、保育所等での生活のしにくさや集団不適応に対し、その要因を本人の特性と環境面から考察し、障害児本人へ働きかけを行います。また、状況に応じて、周りの児童を巻き込んで支援を行うこともあります。

これに対し、訪問先施設の職員に対する間接支援は、訪問支援員が保育所等を訪問し、障害児にどのように接すればよいのか、どのように集団に適応させるのか、といった職員が抱える問題について相談に応じます。その上で、障害児との関わり方や集団への働きかけを保育所等の職員自身が自立的に考えていけるように支援を行います。

保育所等訪問支援の対象者について

保育所等訪問支援の対象となる者は、保育所等に通所し、集団生活に対する専門的な支援が必要な障害児です。障害児には、身体に障害のある児童、知的障害のある児童、精神に障害のある児童が含まれ、障害者手帳の有無は問われません。

保育所等訪問支援を利用するためには、障害児の保護者が市町村へ申請します。保育所等訪問支援と似た事業として、市町村が実施している巡回支援専門員整備事業などがあります。この事業は保護者が申請する必要はなく、保育所等の依頼で派遣されることがあります。保護者の申請の手間が不要なので、利用のハードルは低い反面、市町村の計画や財源などに左右されやすく、必ずしも巡回に結びつくとは限りません。保育所等訪問支援は、必要性を感じる保護者の申請で行うため、サービスを利用する権利が保障されます。

5 障害児入所支援

障害児入所支援の成り立ち

　以前の障害児向けの入所支援は「知的障害児施設」「自閉症児施設」「盲児施設」など、障害別に施設が決まっていました。しかし、障害によって区別する施設体系では、複数の障害を持つ児童に対する効果的な支援が難しくなってきました。そこで、2012年に障害児に対する施設サービスが児童福祉法へ一元化されたことにともない、障害の重複化などを考慮し、複数の障害に対応できるように再編されました。

　現在の障害児入所支援は、医療の提供の有無によって「福祉型」「医療型」の2つに分けられています。障害児入所支援では、障害の特性に応じた支援に加え、重度・重複障害児や被虐待児などへの対応を行います。また、原則として18歳以上の者は、障害者総合支援法に基づく障害福祉サービスに移行するため、移行後の生活につながるよう自立をめざした支援も行います。なお、18歳までに入所していた者が支援を受けなければ日常生活に支障が生じるおそれがあれば、20歳に達するまで利用を延長することができます。

　入所を希望する場合は、児童相談所に相談の上で申請を行います。障害の程度などを考慮し、児童相談所が支給決定をした後、施設と利用契約を結んで入所することになります。

福祉型障害児入所施設とは

　福祉型障害児入所施設では、食事・排せつ・入浴などの介護、日常生活上の相談支援・助言、日常生活能力の維持・向上のための訓練などを行います。障害の特性に合わせた個別支援計画に基づいて支援を提供します。対象者は、身体に障害のある児童、知的障害のある児童、

● 障害児入所支援のしくみ

障害児入所施設の種類	対象者	支援内容
福祉型	身体に障害のある児童 知的障害のある児童 精神障害のある児童	食事・排せつ・入浴などの介護、日常生活上の相談支援・助言、日常生活の維持・向上のための訓練などを行う
	原則18歳未満の児童が対象 ※20歳まで延長可能な場合あり	
医療型	知的障害児 肢体不自由児 重症心身障害児	福祉型の支援内容に加え、疾病の治療と看護を行う
	原則18歳未満の児童が対象 ※20歳まで延長可能な場合あり	

精神障害のある児童です。障害者手帳の有無は問わず、児童相談所、医師などによって療育の必要性が認められた児童も含まれます。

医療型障害児入所施設とは

　医療型障害児入所施設では、福祉型障害入所施設で提供される支援内容に加え、疾病の治療や看護を行います。対象者は、知的障害児（自閉症児）、肢体不自由児、重症心身障害児に限定されています。それぞれの障害の特性に合わせて、精神科医療、リハビリ科医療、継続的な長期療養を提供することが求められます。

　重症心身障害児とは、重度の肢体不自由と重度の知的障害とが重複した状態にある障害児のことです。重症心身障害児については18歳を超えても本人をよく知る職員が継続して支援を行ったほうがよいなどの理由で、障害福祉サービス（療養介護）と一体的に支援することが可能です。個別支援計画を作成し、支援目標を明確にすることは「福祉型」と同様です。

第5章 ● 障害児を支援する制度　　**157**

6 障害児の相談支援事業

障害児の相談支援のしくみ

障害児支援を受けようとする場合、どの事業所を選べばよいのか、障害の特性に合った支援はどれなのか、障害児の家族だけでは判断ができないのが普通です。支援事業所の専門性も高く、利用する側と利用される側での情報量の差が大きいといえます。

相談支援事業は、そのような利用者側とサービス提供事業所などを橋渡しする重要な役割を果たしています。利用者側に対し、障害の特性に合ったサービスを提供するための相談や支援を行っています。

相談支援事業については、日常的な相談支援事業、特定相談支援事業、障害児相談支援事業に分けることができます。

日常的な相談支援事業は、市町村が運営していますが、相談支援事業者に委託することも可能です。特定相談支援事業は、障害児が障害者総合支援法に基づく障害福祉サービスを利用する際、サービス等利用計画書を作成する事業であり、市町村から指定された指定特定相談支援事業者が行います。障害児相談支援事業は、児童福祉法に基づく障害児通所支援を利用する際に支援を行うもので、市町村から指定された指定障害児相談支援事業者が行います。

そして、障害児が障害福祉サービスと障害児通所支援の両方を利用する場合は、特定相談支援事業と障害児相談支援事業の両方について指定を受けた事業者が一体的に支援を行います。

どんな特長があるのか

障害児相談支援においては「障害児支援利用援助」と「継続障害児支援利用援助」を行います。これら支援の利用は無料です。

● 障害児の相談支援事業のしくみ

支援事業の種類		支援の内容
日常的な相談支援事業		日常的な事柄に関する相談
特定相談支援事業		障害者総合支援法に基づく障害福祉サービスを利用する際のサービス等利用計画書の作成など
障害児相談支援事業		児童福祉法に基づく障害児通所支援を利用する場合の支援
	障害児支援利用援助	・障害児通所支援の申請後から支給決定前の間に障害児支援利用計画案の作成 ・支給決定後に障害児支援利用計画書を作成
	継続障害児支援利用援助	・支給決定を受けたサービスの利用状況が適切かどうかの検証 ・障害児支援利用計画書の見直し

① **障害児支援利用援助**

　障害児通所支援の申請後、支給決定の前に、障害児の心身の状況や環境、障害児やその保護者の意向などをふまえて、障害児支援利用計画案の作成を行います。さらに、支給決定の後は、サービス提供事業者などと連絡調整を行い、障害児支援利用計画書を作成します。

② **継続障害児支援利用援助**

　支給決定を受けたサービスの利用状況が適切であるかどうかを検証し、再度、サービス提供事業者などと連絡調整を行い、障害児支援利用計画書の見直しを行います。

　これらの障害児相談支援に関する業務は、障害児通所支援の利用をする場合に実施されます。障害児入所支援に関する相談は、施設への入所などについて専門的な判断を行う児童相談所に対して行います。

　障害児通所支援の対象になる者は、障害児通所支援を申請した障害児のうち、市町村が障害児支援利用計画案の提出を求めた者です。

第5章 ● 障害児を支援する制度 **159**

Column

児童の教育支援

　障害児の教育支援は**特別支援教育**と呼ばれています。特別支援教育は、特別支援学校、特別支援学級、通級による指導に分けることができます。障害児入所施設は日常生活の支援が中心であるのに対し、特別支援学校などは教育の支援を行うという違いがあります。

　特別支援学校は、以前の盲学校、ろう学校、養護学校が学校教育法の法改正にともない、2007年4月に一本化された教育機関です。視覚障害、聴覚障害、知的障害、肢体不自由などの障害の種別で分かれていた教育体系が、この一本化により、さまざまな障害の児童が通える教育体系へと変わりました。特別支援学校は、障害の程度が比較的重い児童を対象にしており、幼稚部、小学部、中学部、高等部と分かれて教育するのが一般的です。専門性を活かした教育や、スクールバスで通学の支援を行うことが特徴とされています。

　特別支援学級は、通常の小中学校で、障害の種別ごとに設置される少人数学級をさします。通級による指導は、通常の学級で授業を受けながら、障害の状態に応じた特別な指導を行う教育支援です。特別支援学級が知的障害者や肢体不自由児を対象とするのに対し、通級による指導は言語障害、自閉症、注意欠陥多動性障害（ADHD）の児童を対象とします。特別支援学級や通級による指導は、学校全体で支援することに特徴があります。

　いずれの特別支援教育も、さまざまな障害児に対し、それぞれに合わせた教育支援計画や指導計画をもとに支援を行います。また、特別支援学校の就学に迷った場合の相談先として、教育支援委員会（就学指導委員会）があります。市町村や都道府県の教育委員会内に設置されていることが多く、就学先の決定などの支援を行います。

第6章

障害者をサポートするその他の法律や制度

1 障害者基本法

どんな法律なのか

　わが国において、障害者福祉に関連する法律はたくさんありますが、**障害者基本法**は、それらの基礎となる法律として位置づけることができます。この障害者基本法の基本理念に基づき、身体障害者福祉法や児童福祉法などが制定されています。その上で、身体障害者福祉法や児童福祉法などによって定義された障害者を支援するための具体的な法律として、障害者総合支援法が制定されています。

　障害者基本法は、すべての国民が、等しく個人として尊重されるという憲法上の理念に基づき、障害の有無によって分け隔てられることなく、相互に人格と個性を尊重しながら共生する社会の実現を基本理念としており、おもに以下の事項について規定を設けています。

① 障害者の自立や社会参加の支援などのための施策に関する基本原則についての規定

② 国と地方公共団体などの責務を明らかにする規定

③ 障害者の自立や社会参加の支援などのため、必要な施策に関する基本事項についての規定

　これらの規定を通じ、障害者の自立や社会参加の支援などのための施策を総合的かつ計画的に推進することをめざしています。上記の目的を達成するため、障害者基本法は具体的な規定を置いています。

どんなことを規定しているのか

　障害者基本法にいう障害者は、身体障害、知的障害、精神障害（発達障害を含みます）その他の心身の機能の障害があって、障害や社会的障壁により継続的に日常生活や社会生活に相当な制限を受ける状態

● 障害者基本法のしくみ

基本理念
- 障害の有無にかかわらず等しく個人として尊重されること
- 障害の有無によって分け隔てられることなく、すべての障害者が、障害者でない者と共生する社会を実現すること

おもな規定
- 障害者の定義：対象となる障害は
  身体障害、知的障害、精神障害（発達障害を含む）
  その他の心身の機能の障害（年齢は問わない）
  ⇒障害者基本法の対象者を明確にする
- 障害者の自立や社会参加の支援のための基本施策に関する規定
  ⇒医療・介護、年金、教育、療養、職業相談、雇用促進、住宅確保、公共的施設のバリアフリー化など

にある者をさすと規定されています。

　その上で、障害者の自立や社会参加の支援などのための基本施策について規定を設けています。たとえば、障害者が必要な医療・介護のサービスを受けられるような施策を行うことや、自立と安定した生活のために年金制度を整えることを規定しています。

　また、障害者基本法は、年齢や能力の特性に合わせた適切な教育や療養を受けられるような施策を行うことを規定しています。とくに教育については、可能な限り障害のある児童とそうでない児童とがともに教育を受けられるよう配慮することを求めています。

　障害者の職業選択の自由にも配慮し、能力に応じた職業に就く機会の確保や職業訓練についての規定に加え、雇用促進のための施策についての規定もあります。さらに、障害者が地域社会で安定して生活することができるように住宅を確保することや、公共的施設・情報の利用に関するバリアフリー化の推進についても規定しています。

　この他、障害者の消費者としての権利を守ること、選挙権の行使を円滑に行えるよう配慮すること、裁判の当事者になったときに十分に権利が守られるよう配慮することなどが規定されています。

第6章 ● 障害者をサポートするその他の法律や制度

2 障害者基本計画

障害者基本計画とは

障害者基本計画は、障害者基本法に基づいて政府が定める、障害者に対する施策の総合的・計画的な推進を図るための計画です。

障害者に対する支援は、個々の障害者に合ったものにする必要があります。障害者の性格や置かれている環境によって、同じ障害であっても必要な支援が異なるからです。しかし、無計画に支援を行うと、支援を受けられる者と受けられない者が生じてしまうなどの弊害が生じます。そこで、障害者基本法は、政府に対して障害者基本計画の策定を義務づけ、障害者に対する施策を総合的・計画的に実行するよう求めています。

2019年3月現在、障害者基本計画は「第4次計画」が実施されています。障害者基本計画のはじまりは、1993年度から2002年度にかけて実施された障害者施策に関する新長期計画です。その後、2003年度から2012年度にかけて第2次計画が実施され、2013年度から2017年度にかけて第3次計画が実施されました。第4次計画は、2018年度から5年間実施されることになっています。

第4次計画は、共生社会の実現に向けて、障害者が自らの決定に基づき社会のあらゆる活動に参加し、能力を最大限発揮して自己実現ができるよう支援することを基本理念としています。そして、計画の基本的方向として、①社会のバリア除去をより強力に推進すること、②障害者権利条約の理念を尊重し、整合性を確保すること、③障害者差別の解消に向けた取り組みを着実に推進すること、④着実・効果的な支援の実施のための成果目標を充実させることが規定されています。

● **障害者基本計画の概要** ……………………………………………

（第4次）障害者基本計画の基本的方向

① 社会のバリア除去をより強力に推進すること
② 障害者権利条約の理念を尊重し、整合性を確保すること
③ 障害者差別の解消に向けた取り組みを着実に推進すること
④ 着実・効果的な支援の実施のための成果目標を充実させること

具体的な支援の策定

公共交通機関のバリアフリー化などの移動しやすい環境の整備、
障害者差別の解消のため、障害者に配慮した施設整備やサービス・
情報提供などの推進
障害者の権利擁護の推進や障害者虐待の防止
政府が策定した障害者基本計画に沿って、都道府県・市町村による
計画の策定

具体的にどんなことをするのか

　第4次計画は、前述の基本的方向に基づいた支援についても定めています。具体例として、公共交通機関のバリアフリー化などによる移動しやすい環境の整備が挙げられます。都心部を中心にして、駅のホームにホームドアの設置が進められていますが、これは公共交通機関のバリアフリー化のひとつです。これにより、安全・安心な生活環境の整備を進めようとしています。

　その他には、障害者差別を解消するための施設整備やサービス・情報提供などの促進、障害者の権利擁護の推進や障害者虐待の防止などが定められています。

　障害者のための施策に関する計画を策定するのは、政府だけではありません。都道府県・市町村は、障害者基本計画を基本として、都道府県障害者計画・市町村障害者計画を作成することが義務づけられています。都道府県・市町村が地域に応じた障害者の施策のための計画を策定することで、より充実した支援が可能になります。

第6章 ● 障害者をサポートするその他の法律や制度　**165**

3 障害者権利条約

障害者権利条約とは

　障害者権利条約は、正式名称を「障害者の権利に関する条約」といいます。障害者権利条約は、障害者の人権や基本的自由を保障し、障害者を個人として尊重するのを目的として 2006 年 12 月に国連総会で採択されましたが、ここに至るまでには長い年月を要しました。

　まず、1975 年 12 月に「障害者の権利宣言」が国連総会で採択されました。それから、2001 年 12 月に障害者に関する国際条約を起草するための委員会を設置することが国連総会で決まりました。この委員会では、障害者団体が審議内容を傍聴できるだけでなく、発言する機会も設けられました。これは、障害者の間で使われる「Nothing About Us Without Us（私たち抜きに私たちのことを決めるな）」というスローガンを反映させたものです。

　2006 年 12 月に障害者権利条約が採択された当時、国内では障害者に関連する法律の整備が十分とはいえない状況であったため、採択後すぐに障害者権利条約を批准するには至りませんでした。その後、障害者に関する国内法の整備を進め、2014 年 1 月 20 日に障害者権利条約を批准するに至りました。

どんなことが定められているのか

　障害者権利条約は「全ての障害者によるあらゆる人権及び基本的自由の完全かつ平等な享有を促進し、保護し、確保すること並びに障害者の固有の尊厳の尊重を促進すること」を目的としています。締結国は、条約に規定する障害者の権利を実現するため、おもに以下に関する立法措置、行政措置その他の措置をとらなければなりません。

● 障害者権利条約のしくみ

障害者権利条約

【目的】 すべての障害者によるあらゆる人権・基本的自由の完全かつ平等な享有を促進し、保護し、確保すること、ならびに障害者の固有の尊厳の尊重を促進すること

【内容】 締約国は、おもに以下に関する措置をとる。

①無差別、②社会意識の向上、③施設・サービスの利用、④身体の自由など、⑤さまざまな自由・権利の保障、⑥家族形成の権利など、⑦自立生活や地域社会への包容、⑧文化的な生活の保障など

報告

国連「障害者の権利に関する委員会」

① 障害に基づくあらゆる差別をなくすこと（無差別）
② 障害者の権利や尊厳に対する社会の意識を向上させること
③ 障害者による施設やサービスの利用をしやすくすること
④ 障害者の身体の自由や安全を守るとともに、障害者が品位を傷つける取扱い、暴力、虐待などを受けないようすること
⑤ 障害者の移動の自由、国籍の取得・変更の権利、表現の自由、プライバシーの尊重、教育の権利、政治参加の権利を守ること
⑥ 家族形成の権利や出産の決定権を守ること
⑦ 障害者の自立した生活や地域社会への包容（適応のための技能の習得など）を支援すること
⑧ 障害者が文化的な生活や余暇に参加する機会を確保すること

　これら障害者権利条約に定める内容を実施するために講じた措置について、締約国は、定期的に、国連の「障害者の権利に関する委員会」に報告しなければなりません。

第6章 ● 障害者をサポートするその他の法律や制度　**167**

4 発達障害者支援法

発達障害とは

発達障害者支援法とは、発達障害者に対する支援のために制定された法律です。2005年4月に施行されました。

この法律が制定されたのは、発達障害について理解が進まず、十分な支援がなされないという状況があったためです。発達障害にはさまざまな症状があり、知的な遅れをあまりともなわず、言葉の発達の遅れもない場合などもあります。たとえば、アスペルガー症候群を患っている場合、コミュニケーションや対人関係について障害を有していたとしても、言葉の発達については遅れていないことがあります。このような症状において、一般の人々には障害であるか否かを判断することが困難な場合もあります。そのため、障害を患っていないと判断され、支援がなされないことなどがありました。

さらに、かつては発達障害が先天的なもので、支援しても改善しないと考えられることがありました。発達障害も支援を行って改善する場合もありますので、これも誤った認識だといえます。

このような状況を打破し、発達障害者も等しく社会で生きていくことができるように発達障害者支援法が制定されました。

どんなことが規定されているのか

発達障害者支援法では、発達障害とは、①広汎性発達障害、②学習障害、③注意欠陥多動性障害、④これら3つの障害に類する脳機能障害のうち症状が通常低年齢で発現するものをさします。さらに、発達障害者とは、発達障害や社会的障壁によって、日常生活や社会生活に制限を受ける発達障害のある者をさします。そして、発達障害者のう

● 発達障害者支援法のしくみ

発達障害者支援法

【基本理念】
- 発達障害者の支援による社会的障壁の除去
  ∴発達障害者に対する認識が低く十分な支援を受けられなかった状況を変える
- 発達障害者の意思決定を尊重する

↓

発達障害・発達障害者の定義

【発達障害】①広汎性発達障害（自閉症、アスペルガー症候群など）、②学習障害、③注意欠陥多動性障害、④これらに類する脳機能障害であって症状が通常低年齢において発現するもの

【発達障害者】発達障害や社会的障壁により日常生活・社会生活に制限を受ける発達障害のある者

国民の責務

発達障害に関する理解を深め、支援に協力するように努めること

ち18歳未満の者を発達障害児といいます。

　国や地方公共団体は、発達障害について、症状の発現後、早期に発達支援をするために、早期発見に努めなければなりません。とくに発達障害児に対しては、発達障害の症状の発現後できるだけ早期に、状況に応じて適切に必要な措置を図るよう定めています。具体的には、就学前の発達支援、学校における発達支援、その他の場所での発達支援、発達障害者に対する就労や地域における生活などに関する支援、発達障害者の家族に対する支援などを行う必要があります。

　発達障害者に対する支援は、性別、年齢、障害の状態や生活実態に応じ、医療・福祉・教育・労働などの関係機関や民間団体の連携の下に、切れ目なく行われなければなりません。その際、発達障害者自身の意思や希望を尊重するという視点を忘れてはいけません。

5 知的障害者福祉法

どんな法律なのか

知的障害者福祉法は、知的障害者の生活の安定や充足を図るための法律で、1960年に制定されました。身体障害者福祉法や児童福祉法などとともに、福祉六法（社会福祉立法）のひとつといわれています。障害者福祉法は、知的障害者の自立と社会活動への参加を促進することや、そのために知的障害者を援助して必要な保護を行うことをおもな目的としています。

どんなことを規定しているのか

知的障害者福祉法は、知的障害者が自らの能力を活用し、進んで社会経済活動に参加するよう努めなければならないと定めています。これは知的障害者に対し、社会活動や経済活動への参加を促すことを目的としています。そして、国や地方公共団体が知的障害者の自立と社会経済活動への参加が実現するよう援助の実施に努めなければならないことや、国民も知的障害者の福祉への理解を深め、知的障害者の社会経済活動への参加に向けた努力に協力するよう努めなければならないことを定めています。他にも、障害福祉サービスの提供や、障害者支援施設等への入所措置などについても定めています。

知的障害者福祉法は、どのような者が知的障害者にあたるのかを明確に定めていません。そのため、知的障害者を支援する制度や調査によって、知的障害者の定義が異なる場合があります。たとえば、厚生労働省が実施している知的障害児（者）基礎調査では、知的障害者とは「知的機能の障害が発達期（おおむね18歳まで）にあらわれ、日常生活に支障が生じているため、何らかの特別の援助を必要とする状

170

● 知的障害者福祉法のしくみ ……………………………………

知的障害者福祉法

目 的 知的障害者の自立と社会活動への参加の促進
⇒ 知的障害者を援助し必要な保護を行う

規定内容

- 知的障害者は能力を活用し、進んで社会経済活動に参加するように努力しなければならない（知的障害者の参加を促す）
- 国や地方公共団体は知的障害者の自立と社会経済活動への参加が実現するよう援助の実施に努めなければならない
- 国民は知的障害者の努力に協力するよう努めなければならない
- 障害福祉サービスの提供や、障害者支援施設等への入所措置などが規定されている

問題点：知的障害者に関する明確な定義がない

態にあるもの」と定義しています。

▌療育手帳について

　療育手帳とは、知的障害者と認められた者に交付される手帳のことです。療育手帳は、知的障害者福祉法などの法律に基づいた制度ではありません。1973年に出された厚生省（当時）事務次官の「療育手帳制度について」という通知に基づき整備された制度です。

　そのため、手帳の名称や重度の区分が都道府県によって異なります。たとえば、東京都では「愛の手帳」という名称であるのに対し、青森県では「愛護手帳」という名称です。

　療育手帳の交付を受けるためには、知的障害者が居住している地域の福祉事務所へ申請が必要です。もっとも、療育手帳は各都道府県が独自に発行するものであるため、知的障害者が各種サービスを受ける際に、必ず持っていなければならないものではありませんが、該当する者は取得しておくことが推奨されています。

第6章 ● 障害者をサポートするその他の法律や制度　　**171**

6 身体障害者福祉法

どんな法律なのか

身体障害者福祉法は、身体障害者の生活の安定や充足を図るための法律で、1949 年に制定されました。社会福祉を規定する法律の中心に位置づけられており、福祉六法のひとつです。身体障害者福祉法は、身体障害者の自立と社会経済活動への参加を促進するために援助や保護を行い、その福祉の増進を目的としています。

どんなことを規定しているのか

身体障害者福祉法では、**身体障害者**とは、視覚障害、聴覚・平衡機能障害、音声機能障害、言語機能・咀嚼機能障害、肢体不自由、心臓・腎臓等の障害などの身体上の障害があって、都道府県知事から身体障害者手帳の交付を受けた 18 歳以上の者をさすと定めています。障害者総合支援法における身体障害者も、これと同様の定義です。

さらに、身体障害者を支援するための施設について定めています。この施設を**身体障害者社会参加支援施設**といいます。身体障害者社会参加支援施設として、身体障害者福祉センター、補装具製作施設、盲導犬訓練施設、視聴覚障害者情報提供施設があります。

他には、身体障害の発生予防や早期治療に向けた啓発活動や、社会参加促進のための施策なども定めています。

身体障害者手帳について

身体障害者として認められるには、身体障害者手帳の交付を受けていなければなりません。身体障害者手帳とは、身体障害者福祉法が定める一定の身体上の障害がある者に対して交付する手帳であって、交

● 身体障害者福祉法のしくみ ……………………………………

身体障害者福祉法

目 的 身体障害者の自立と社会経済活動への参加を促進するために援助・保護することによる身体障害者の福祉の増進

規定内容

- **身体障害者の定義**
  「視覚障害、聴覚・平衡機能障害、音声機能障害、言語機能・咀嚼機能障害、肢体不自由、心臓・腎臓等の障害などの身体上の障害がある18歳以上の者」
  ⇒ 身体障害者手帳の交付を受けている必要がある
- **身体障害者を支援するための施設に関する規定**
  ⇒ 身体障害者社会参加支援施設
- **身体障害の発生予防や早期治療に向けた啓発活動や社会参加促進のための施策に関する規定**

付を受けた者は各種の福祉サービスを受けることができます。身体障害者手帳は、原則として都道府県知事が交付しますが、指定都市や中核市においては市長が交付します。そのため、身体障害者手帳を受けるためには、都道府県知事あるいは指定都市・中核市の市長に対し、申請書を提出しなければなりません。その際、指定された医師の診断書・意見書の提出も必要です。

身体障害者手帳を交付するにあたり、申請書を提出した身体障害者の等級が審査されます。等級は1級から7級まであります。1級が最も重度の障害で、7級が最も軽度の障害です。身体障害者障害程度等級表に基づき、身体障害者の状態に応じて等級が判断されます。

1級から7級のうち、身体障害者手帳の交付の対象は1級から6級までです。7級は身体障害者手帳の交付の対象外です。ただし、7級の障害が2つ以上ある場合は6級として認定され、身体障害者手帳の交付を受けることができます。

第6章 ● 障害者をサポートするその他の法律や制度　　173

7 精神保健福祉法

どんな法律なのか

　精神保健福祉法は、精神障害者の医療と保護について定める法律で、正式名称は「精神保健及び精神障害者福祉に関する法律」です。1950年に制定された「精神衛生法」が、1995年の法改正にともない現在の名称へと変更されたという経緯があります。

　精神保健福祉法の目的は、精神障害者の福祉の増進や国民の精神保健の向上を図ることです。精神障害者の福祉の増進とは、精神障害者の社会復帰の促進や自立と社会経済活動への参加の促進のため、必要な援助を行うことです。国民の精神保健の向上とは、精神障害の発生の予防その他国民の精神的健康の保持や増進に努めることです。

どんなことを規定しているのか

　精神保健福祉法では、**精神障害者**とは、「統合失調症、精神作用物質による急性中毒又はその依存症、知的障害、精神病質その他の精神疾患を有する者」と定めています。このうち知的障害を有する者については、知的障害者福祉法により権利が保障されています。

　さらに、精神障害者保健福祉手帳についても定めています。身体障害者に該当するためには身体障害者手帳の交付を受けていることが必要ですが、精神障害者に該当するために手帳の交付を受けている必要はありません。もっとも、精神障害者保健福祉手帳を持っていると、税制の優遇や公共交通機関の割引などを受けることができます。

精神保健福祉法に基づく入院制度

　精神障害は、身体障害とは異なり、本人が障害を自覚していない場

174

● 精神保健福祉法のしくみ

精神保健福祉法

目 的 精神障害者の福祉の増進や国民の精神保健の向上を図ること

規定内容

● **精神障害者の定義**
「統合失調症、精神作用物質による急性中毒又はその依存症、知的障害、精神病質その他の精神疾患を有する者」
⇒ 精神障害者保健福祉手帳の交付は必須ではない

● **入院制度**
① 任意入院　②措置入院　③緊急措置入院　④医療保護入院
⑤ 応急入院

合や自傷他害のおそれなどから、必要な医療を受けることが難しい場合があります。そこで、精神保健福祉法は、通常の入院とは異なる**入院制度**について定めています。具体的には、①任意入院、②措置入院、③緊急措置入院、④医療保護入院、⑤応急入院の５つです。

① 任意入院は、医師の説明を受けた上、精神障害者が同意してなされる入院で、精神保険指定医の診察は不要です。ただし、精神障害者が希望する場合は、退院させなければなりません。

② 措置入院は、警察官などの届出に基づいて行われた診察で２名以上の精神保健指定医が入院の必要があると認めた精神障害者について、都道府県知事の決定により入院させる制度です。

③ 緊急措置入院は、②措置入院のうち、２名の精神保健指定医の診察を受ける時間がない場合に、72時間以内でなされる入院です。

④ 医療保護入院は、本人に病状の自覚がなく、同意が得られない場合に、家族などの同意により入院させる制度です。

⑤ 応急入院は、１名の精神保健指定医の診察の結果、すぐに入院させる必要がある場合に72時間以内に限り入院させる制度です。

第６章 ● 障害者をサポートするその他の法律や制度

8 障害者虐待防止法

どんな法律なのか

障害者虐待防止法は、2011年6月に成立し、2012年10月に施行された新しい法律で、正式名称は「障害者虐待の防止、障害者の養護者に対する支援等に関する法律」といいます。障害者虐待防止法は、障害者に対する虐待禁止、虐待防止を推進する国などの責務、虐待を受けた障害者の保護や自立支援、養護者に対する支援を行うことで、障害者の権利や利益を守ることを目的としています。

そして、障害者虐待防止法では「障害者」「障害者虐待」「障害者虐待の類型」について定義しています。

障害者とは、「身体、知的、精神障害やその他の心身機能の障害がある者であって、障害及び社会的障壁により継続的に日常生活や社会生活に相当な制限を受ける状態にあるもの」と定めています。障害者虐待防止法の対象になる障害者については、障害者手帳の保有の有無を問いません。

障害者虐待とは、①養護者による虐待、②障害者福祉施設従事者等による虐待、③使用者（企業など）による虐待の3つをさします。このうち「養護者」は、障害者の身の回りの世話を行う者です。通常は家族や親族などの同居人をさしますが、同居していない親族が障害者の世話をしている場合、その者が養護者に含まれることがあります。

障害者虐待の類型は、①身体的虐待、②放棄・放置、③心理的虐待、④性的虐待、⑤経済的虐待の5つに分類されています。障害者に暴力をふるう①身体的虐待に限定していないのが特徴です。たとえば、障害者をお風呂に入らせないことや無視することは、②放棄・放置または③心理的虐待にあたり、障害者虐待となる可能性があります。

176

● 障害者虐待防止法のしくみ

> **障害者虐待防止法**
>
> 【各用語の定義】
> ●障害者：「身体、知的、精神障害やその他の心身機能の障害がある者であって、障害及び社会的障壁により継続的に日常生活や社会生活に相当な制限を受ける状態にあるもの」
> ●障害者虐待の定義
> ① 養護者による虐待　② 障害者福祉施設従事者による虐待
> ③ 企業の使用者などによる虐待
> ●障害者虐待の類型の定義
> ① 身体的虐待　② 放棄・放置　③ 心理的虐待　④ 性的虐待
> ⑤ 経済的虐待
>
> 〈規定内容〉
> 虐待の禁止、国・地方公共団体・国民の責務、養護者などによる障害者虐待の通報　など

どんなことを規定しているのか

　障害者虐待防止法では、誰であっても障害者を虐待してはならないことを最初に確認しています（障害者に対する虐待の禁止）。

　そして、障害者虐待を防止するための国、地方公共団体、国民の責務を定めており、国や地方公共団体は、障害者虐待の防止や早期発見、養護者などの支援などを行う体制の整備に努めなければならないとしています。国民に対しては、障害者虐待の防止や養護者支援の重要性などの理解に努めなければならないことを定めています。

　さらに、虐待を受けたと思われる障害者を発見した者の通報義務を明確にするとともに、養護者、障害者福祉施設従事者等、使用者が虐待を発見した場合に通報を行う具体的なしくみを定めています。市町村や都道府県には、障害者虐待の窓口が設置されています。他には、学校、保育所、医療機関などの公的機関を利用する障害者に対する虐待防止の措置を、各々の機関の責任者に義務づけています。

第6章 ● 障害者をサポートするその他の法律や制度　　**177**

9 障害者差別解消法

どんな法律なのか

　障害がある人もない人も共生する社会を作るためには、障害があることによって公的機関によるサービスが受けられないことや、生活に必要なさまざまな物やサービスを提供する事業者から不当な扱いを受けることがあってはなりません。2013年にわが国が批准した障害者権利条約の内容を実行するため、2016年4月に障害者差別解消法が施行されました。正式名称は「障害を理由とする差別の解消の推進に関する法律」といいます。障害者差別解消法は、障害者基本法4条が定めている「差別の禁止」の趣旨を具体化するという目的があります。

差別的取扱いとは

　障害者差別解消法では、政府が障害を理由とする差別解消の推進に関する基本方針を定める他、行政機関や事業者が障害を理由として、障害者と障害者でない者とを不当に差別的取扱いをすることを禁止しています。

　差別的取扱いの具体例として、障害があることを理由に、市役所が窓口対応を拒否したり、後回しにしたりすることが挙げられます。また、飲食店や小売店などで、盲導犬や聴導犬を同伴していることを理由に入店を拒否することや、バスなどの公共交通機関で、車いすの使用者であることを理由に乗車を断ることも該当します。

　差別的取扱いの禁止について、各省庁は、基本方針に沿って、事業者が適切に対応するのに必要なガイドライン（対応指針）を定めなければなりません。ガイドラインを定める際は、障害者やその関係者の意見を反映させるために必要な措置も実施しなければなりません。

● **障害者差別解消法のしくみ**

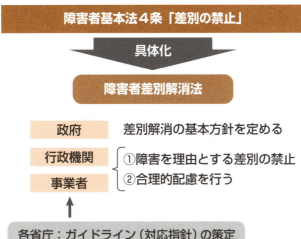

合理的配慮はどういったものか

　障害者の日常生活や社会参加を現に妨げている環境（社会的障壁）があって、それを除去することを障害者本人が要望している場合、行政機関や事業者は、それらの要望に対し、負担が重くなりすぎない範囲内で、その障害者の性別、年齢、障害の程度に基づいた対応をしなければなりません。このような対応を合理的配慮といいます。

　たとえば、障害の性質により、窓口の順番を待つことが難しい場合は順番を先にする、意思疎通を図るために筆談、手話、タブレット端末を用いる、耳の不自由な人に向けて放送の内容を電光掲示板に表示することが合理的配慮にあたります。

　合理的配慮を難しく考える必要はありません。困っている障害者がいた場合には、何に困っているのか、どうすれば解決することができるのか、何らかの配慮を必要としているのか、本人やその付添者に確認することが大切です。そうすることで、障害者との対話による相互理解が深まり、障害のない人との共生社会が実現していきます。

10 障害者雇用促進法

どんな法律なのか

　障害者雇用促進法は、比較的歴史が古く、1960年に施行されています。障害者雇用促進法では、強制力をともなう法定雇用率（障害者雇用率）が定められており、さまざまな事業主（民間企業、国、地方公共団体など）に対し、法定雇用率に相当する人数の障害者の雇用を義務づけているのが特徴です。

　障害者雇用促進法は、障害者の雇用安定をめざすため、事業主と障害者本人に対する措置を定めています。事業主に対する措置は、上記の障害者雇用率に相当する人数の障害者の雇用義務です。これを達成できない場合、事業主には納付金（障害者雇用納付金）を納める義務が発生します。反対に、法定雇用率に相当する人数を超える障害者を採用した場合は、調整金（障害者雇用調整金）が支給されます。

　障害者に対する措置として、地域の就労支援関係機関（ハローワークなど）が、障害の状態に応じた職業紹介、職業訓練、就業・生活の両面にわたる相談・支援を行わなければならないと定めています。

　2016年の法改正では、障害者の差別禁止や合理的配慮の提供義務が加わりました。障害者差別解消法（⇨ P.178参照）と同様の内容ですが、障害者雇用促進法では、事業主としての立場から障害がある労働者に対して適切な措置を行わなければなりません。

法定雇用率を満たさない場合

　2018年4月から事業主の法定雇用率が引き上げられ、民間企業で2.2％、国、地方公共団体などで2.5％となりました。たとえば、民間企業の場合は、従業員が46人以上のときに1人以上の障害者を雇用

● 障害者雇用促進法のしくみ

障害者雇用促進法 ⇒ 事業主に一定数以上の障害者雇用を義務づける（法定雇用率）

達成できない場合に、納付金の支払いという経済的負担を負わせて、障害者雇用を促す

法定雇用率
- 民間企業：2.2%
  （2021年4月までに2.3%に引き上げ予定）
- ∴障害者1名が2.2%にあたる企業
  ⇒ 46人以上の従業員がいる民間企業が対象
- 国・地方公共団体など：2.5%

納付金・調整金
- 【対象】常用労働者が100人を超える企業
- 法定雇用率未達成の場合、不足1名ごとに月額5万円（200人以下は月額4万円）を納付金として支払う
- 法定雇用率達成の場合、超過1名ごとに月額2万7,000円が支給される

するという計算になります。なお、2021年4月までに民間企業の法定雇用率が2.3%に引き上げられる予定です。

法定雇用率に関連する制度として、常用雇用者が100名超の事業主を対象とする納付金と調整金があります。これらは障害者雇用にともなう事業主の経済的負担の調整を図るのを目的としています。法定雇用率の未達成事業主は、原則として不足1名ごとに月額5万円を納付金として支払いますが、納付金を支払っても障害者の雇用義務がなくなるわけではありません。逆に、法定雇用率の達成事業主には、超過1名ごとに月額2万7000円の調整金が支給されます。

納付金や調整金の有無やその金額は、会社単位だけでなく、子会社やグループ会社も含めて計算ができます。そのため、障害者ができる業務を切り出し、その業務を一括委託する特例子会社を作る民間企業が増えています。特例子会社では、環境面や就業面で障害者により配慮しやすくなっており、障害者雇用の好事例も生まれています。

11 障害者優先調達推進法

どんなことを定めた法律なのか

　障害者が働いて給与を得て経済的な基盤を整えることは、自立生活を行うために重要なことです。障害福祉サービスの充実にともない、障害者就労施設が増加してきました。しかし、国などが実施する商品の購入や業務委託などの競争入札では、障害者就労施設は民間企業より競争力が弱く、契約に至らないことが多いのが実情です。

　このような背景をふまえ、2013年4月に障害者優先調達推進法が施行されました。正式名称は「国等による障害者就労施設等からの物品等の調達の推進等に関する法律」といいます。この法律は、国などが率先して、障害者就労施設等で作られた製品を購入し（物品の調達）、または清掃などの業務委託を行う（役務の調達）ことで、障害者就労施設の受注する仕事を確保し、その経営基盤を強化することを目的としています。その結果として、障害者就労施設等で働く障害者の経済的支援や自立支援につながることが期待されています。

国や地方公共団体にはどんな責務があるのか

　国や地方公共団体などは、障害者就労施設や障害者を多数雇用している企業から、優先的に物品や役務（サービス）を調達するための基本方針や調達方針を策定しなければなりません。これらの方針に基づいて物品や役務を調達し、その実績を毎年度終了後に公表する必要があります。物品の例としては弁当や制服などがあり、役務の例としてはクリーニング、清掃、印刷、データ入力などがあります。

　障害者を多数雇用している企業といえるためには、厚生労働省令で定める人数や割合を超えて障害者を雇用していることが要件です。

● 障害者優先調達推進法のしくみ

> 障害者優先調達推進法
>
> 国などが障害者就労施設等で作られた物品や提供するサービスの購入を率先して行うことを求める法律
>
> ∴障害者就労施設等の受注する仕事を確保することにより障害者本人の経済的支援や自立支援をめざす

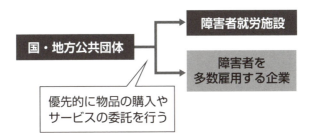

競争入札を行う場合：民間企業の参加条件として、障害者の雇用状況や障害者就労施設等からの物品の調達状況を加えるなどの措置を講じるよう努めなければならない

競争入札時の民間企業の参加条件

　国や地方公共団体は、競争入札を行う場合に民間企業の参加条件として、障害者の雇用状況や障害者就労施設等からの物品や役務の調達状況を加えるなどの措置を講じるよう努めなければなりません。これによって、競争入札に参加したい民間企業が、障害者をより多く雇おう、障害者就労施設等から多くの物品や役務を購入しよう、という意識を持つようになることが期待されています。

　厚生労働省のホームページでは、障害者就労施設等で提供している物品や役務を検索することができます。国や地方公共団体の取組事例も掲載されており、障害者就労施設等からの物品や役務の調達が着実に進んでいるといえます。

12 障害年金と金銭的支援

障害年金とは

　障害年金は、公的年金のひとつです。病気やケガによって障害を負った場合に、障害によって喪失した所得を補填する目的で支給されます。

　障害年金には、障害基礎年金と障害厚生年金があります。国民年金の加入者は障害基礎年金のみが支給され、厚生年金加入者は、障害基礎年金と上乗せ部分である障害厚生年金が支給されます。

　障害基礎年金と障害厚生年金が支給されるためには、後述する「初診日要件」「障害等級要件」「保険料納付要件」をすべて満たす必要があります。それぞれの要件は、障害基礎年金と障害厚生年金で異なります。障害基礎年金の場合は、国民年金法施行令別表が定める障害等級1級または2級に該当する障害の状態であれば支給されるのに対し、障害厚生年金の場合は、厚生年金保険法施行令別表第1が定める障害等級1級～3級に該当する障害の状態であれば支給されます。

障害基礎年金の支給要件はどんなものがあるのか

　障害基礎年金は、次のような要件をすべて満たしている場合に支給されます。

①　**初診日要件**：初診日（障害の原因となった病気やケガについて初めて医師または歯科医師の診察を受けた日）において、国民年金に加入していること。あるいは、過去に国民年金に加入しており、日本国内に居住し、60歳以上65歳未満であること。

②　**障害等級要件**：障害認定日（初診日から1年6か月を経過した日または初診日から1年6か月以内に病気やケガが治癒した日）にお

184

● 障害年金のしくみ

障害年金　病気やケガによる障害によって喪失した所得の補填

障害基礎年金　国民年金の加入者が対象

障害厚生年金　障害基礎年金の上乗せ部分

【支給要件】※障害基礎年金と障害厚生年金では支給要件が異なる

> **障害基礎年金の場合**
> ① 初診日要件：障害の原因となった病気やケガの初診日において、原則として国民年金に加入していること
> ② 障害等級要件：初診日から１年６か月を経過した日などにおいて、障害等級１級または２級に該当していること
> ③ 保険料納付要件：初診日前日時点で、その月の前々月までの国民年金の加入期間のうち、保険料の納付済期間と免除期間の合計が３分の２以上あること（特例あり）

いて、障害等級１級または２級に該当していること。ここで「治癒した」とは、病気が治ったという意味ではなく、症状が固定して治療の効果が期待できない状態になったことをいいます。

③　**保険料納付要件**：初診日の前日において、初診日の属する月の前々月までの公的年金の加入期間のうち、保険料の納付済期間と免除期間の合計が３分の２以上あること。特例として2026年３月31日以前に初診日がある場合、初診日の属する月の前々月までの直近１年間に保険料未納がなければ、保険料納付要件を満たします。

　障害基礎年金の支給を受けるには、原則として国民年金に加入する必要がありますが、20歳未満の場合は、そもそも国民年金に加入する必要がありません。そこで、障害基礎年金に限り、国民年金に加入していない20歳未満の時に生じた病気やケガで障害を負った場合、20歳に達した日に障害等級１級または２級に該当していれば、障害基礎年金が支給されます。なお、生まれもった先天性の障害に対して

第6章 ● 障害者をサポートするその他の法律や制度　**185**

も支給されます。障害厚生年金にはこのような制度はありません。

障害厚生年金の受給要件はどんなものがあるのか

障害厚生年金は、次のような要件をすべて満たしている場合に支給されます。

① **初診日要件**：初診日において厚生年金に加入していること。

② **障害等級要件**：障害認定日において、障害等級1級～3級のいずれかに該当していること

③ **保険料納付要件**：初診日の前日において、初診日の属する月の前々月までの公的年金の加入期間のうち、保険料の納付済期間と免除期間の合計が3分の2以上あること（障害基礎年金と同様の特例措置があります）。

障害認定日は、前述したように初診日から1年6か月を経過した日のことですが、この日の時点では障害等級1級～3級のいずれにも該当しなかったものの、後になって症状が悪化し、障害等級1級～3級のいずれかに該当する場合も、該当した時点から障害厚生年金の支給を受けることができます。これは障害基礎年金も同様です。

受給することができる年金額について

受給することができる障害年金の額は「障害者本人への年金額」と「生計を維持している子や配偶者の加算額」の合計になります。

まず、障害者本人への年金額をみていきましょう。障害基礎年金の受給額は定額となっています。物価を反映させるなどの改定率を乗じて計算するので、その年度によって若干異なります。2019年度の障害基礎年金額は、障害等級2級は780,100円、障害等級1級は2級の1.25倍なので975,125円です。障害厚生年金の年金額は、障害者の平均標準報酬月額と厚生年金の加入期間によって異なります。計算式は複雑ですが、2003年3月までの加入期間とそれ以後の加入期間のそ

れぞれの平均標準報酬月額で計算したものを合算します。障害等級2級・3級の年金額はこの計算式で算出された額で、障害等級1級の年金額はこの計算式で算出された額の1.25倍です。厚生年金の加入期間が300月未満である場合は、300月とみなして計算します。

次に、子や配偶者の加算額をみていきましょう。障害基礎年金の加算額は、生計を維持している一定の子がいる場合は、1人目と2人目はそれぞれ224,500円、3人目以降は74,800円が加算されます。障害厚生年金は、障害等級1級と2級に該当する障害者に生計を維持されている配偶者がいるときに224,500円が加算されますが、障害等級3級には加算額がありません。障害基礎年金の加算額は、子がある場合に支給されるのに対し、障害厚生年金の加算額は、生計を維持されている配偶者がある場合に加算されることに注意が必要です。

障害年金以外の手当にはどんなものがあるのか

障害者への金銭的な支援としては、国が定めている「特別障害者手当」「障害児福祉手当」「特別児童扶養手当」があります。

特別障害者手当と障害児福祉手当は、精神または身体に重度の障害があり、日常生活において特別な介護を必要とする者に支給されます。年齢によって支給される手当が異なります。特別障害者手当が20歳以上の者、障害児福祉手当が20歳未満の者に支給されます。

特別児童扶養手当は、20歳未満で精神または身体に障害を有する児童を家庭で養育している父母などに支給されます。

いずれの手当も住んでいる市町村へ申請することで支給されます。所得制限が設けられており、支給額に制限があるので注意が必要です。

その他にも、各都道府県の条例によって「心身障害者福祉手当」や「重度心身障害者手当」などの名称で手当が支給される場合があります。各都道府県によって支給要件や内容が異なる場合があるため、事前に都道府県の窓口で確認する必要があります。

第6章 ● 障害者をサポートするその他の法律や制度　　**187**

Column

難病とは

「難病」と聞くと、治りにくい病気のことを想像する人もいるかもしれません。それは、一般的には誤りではありません。厚生労働省は、難病を、「原因不明、治療方針未定であり、かつ、後遺症を残すおそれが少ない疾病」「経過が慢性にわたり、単に経済的な問題だけでなく介護などに著しく人手を要するために家族の負担が重く、また精神的にも負担の大きい疾病」としています。

かつての障害者自立支援法の下では、難病を患っている者が障害者に含まれておらず、障害福祉サービスの提供を受けることができませんでした。しかし、2012年の障害者総合支援法の制定にともない、障害者の定義に難病を患っている者が追加されたため、現在では難病を患っている者も障害福祉サービスの提供を受けることが可能です。

難病として障害者総合支援法の対象となる疾病の範囲は、徐々に拡大しています。難病が障害者総合支援法の対象となった当時の対象疾病は130疾病でした。2018年に第6回障害者総合支援法対象疾病検討会が行われ、2018年4月から359疾病に拡大しました。

その他、難病法（難病の患者に対する医療等に関する法律）には「指定難病」の規定があります。指定難病にあたると、医療費助成の対象となります。この指定難病と障害者総合支援法の難病の要件は、治療方法が確立していないこと、長期の療養を必要とすること、診断に関して客観的な指標による一定の基準が定まっていることの要件は同じです。しかし、指定難病は、発病の機構が明らかでないことと、患者数が人口の0.1％程度に達しないことを要件としますが、障害者総合支援法の難病はこれらを要件としません。さらに、指定難病には、一定程度重症であることという要件もあります。

巻末資料　障害者総合支援法の対象となる疾病 …………………………

番号	疾病名	番号	疾病名	番号	疾病名
1	アイカルディ症候群	45	オスラー病	84	グルコーストランスポーター1欠損症
2	アイザックス症候群	46	カーニー複合	85	グルタル酸血症1型
3	ＩｇＡ腎症	47	海馬硬化を伴う内側側頭葉てんかん	86	グルタル酸血症2型
4	ＩｇＧ4関連疾患			87	クロウ・深瀬症候群
5	亜急性硬化性全脳炎	48	潰瘍性大腸炎	88	クローン病
6	アジソン病	49	下垂体前葉機能低下症	89	クロンカイト・カナダ症候群
7	アッシャー症候群	50	家族性地中海熱	90	痙攣重積型（二相性）急性脳症
8	アトピー性脊髄炎	51	家族性良性慢性天疱瘡	91	結節性硬化症
9	アペール症候群	52	カナバン病	92	結節性多発動脈炎
10	アミロイドーシス	53	化膿性無菌性関節炎・壊疽性膿皮症・アクネ症候群	93	血栓性血小板減少性紫斑病
11	アラジール症候群			94	限局性皮質異形成
12	アルポート症候群	54	歌舞伎症候群	95	原発性局所多汗症
13	アレキサンダー病	55	ガラクトース－1－リン酸ウリジルトランスフェラーゼ欠損症	96	原発性硬化性胆管炎
14	アンジェルマン症候群			97	原発性高脂血症
15	アントレー・ビクスラー症候群	56	カルニチン回路異常症	98	原発性側索硬化症
16	イソ吉草酸血症	57	加齢黄斑変性	99	原発性胆汁性胆管炎
17	一次性ネフローゼ症候群	58	肝型糖原病	100	原発性免疫不全症候群
18	一次性膜性増殖性糸球体腎炎	59	間質性膀胱炎（ハンナ型）	101	顕微鏡的大腸炎
19	1p36欠失症候群	60	環状20番染色体症候群	102	顕微鏡的多発血管炎
20	遺伝性自己炎症疾患	61	関節リウマチ	103	高ＩｇＤ症候群
21	遺伝性ジストニア	62	完全大血管転位症	104	好酸球性消化管疾患
22	遺伝性周期性四肢麻痺	63	眼皮膚白皮症	105	好酸球性多発血管炎性肉芽腫症
23	遺伝性膵炎	64	偽性副甲状腺機能低下症	106	好酸球性副鼻腔炎
24	遺伝性鉄芽球性貧血	65	ギャロウェイ・モワト症候群	107	抗糸球体基底膜腎炎
25	ウィーバー症候群	66	急性壊死性脳症	108	後縦靭帯骨化症
26	ウィリアムズ症候群	67	急性網膜壊死	109	甲状腺ホルモン不応症
27	ウィルソン病	68	球脊髄性筋萎縮症	110	拘束型心筋症
28	ウエスト症候群	69	急速進行性糸球体腎炎	111	高チロシン血症1型
29	ウェルナー症候群	70	強直性脊椎炎	112	高チロシン血症2型
30	ウォルフラム症候群	71	強皮症	113	高チロシン血症3型
31	ウルリッヒ病	72	巨細胞性動脈炎	114	後天性赤芽球癆
32	HTLV－1関連脊髄症	73	巨大静脈奇形（頚部口腔咽頭びまん性病変）	115	広範脊柱管狭窄症
33	ＡＴＲ－Ｘ症候群			116	抗リン脂質抗体症候群
34	ＡＤＨ分泌異常症	74	巨大動静脈奇形（頚部顔面又は四肢病変）	117	コケイン症候群
35	エーラス・ダンロス症候群			118	コステロ症候群
36	エプスタイン症候群	75	巨大膀胱短小結腸腸管蠕動不全症	119	骨形成不全症
37	エプスタイン病	76	巨大リンパ管奇形（頚部顔面病変）	120	骨髄異形成症候群
38	エマヌエル症候群	77	筋萎縮性側索硬化症	121	骨髄線維症
39	遠位型ミオパチー	78	筋型糖原病	122	ゴナドトロピン分泌亢進症
40	円錐角膜	79	筋ジストロフィー	123	5p欠失症候群
41	黄色靭帯骨化症	80	クッシング病	124	コフィン・シリス症候群
42	黄斑ジストロフィー	81	クリオピリン関連周期熱症候群	125	コフィン・ローリー症候群
43	大田原症候群	82	クリッペル・トレノネー・ウェーバー症候群	126	混合性結合組織病
44	オクシピタル・ホーン症候群	83	クルーゾン症候群		

巻末資料　**189**

番号	疾病名	番号	疾病名	番号	疾病名
127	鰓耳腎症候群	169	スミス・マギニス症候群	209	第14番染色体父親性ダイソミー症候群
128	再生不良性貧血	170	スモン	210	大脳皮質基底核変性症
129	サイトメガロウィルス角膜内皮炎	171	脆弱X症候群	211	大理石骨病
130	再発性多発軟骨炎	172	脆弱X症候群関連疾患	212	ダウン症候群
131	左心低形成症候群	173	正常圧水頭症	213	高安動脈炎
132	サルコイドーシス	174	成人スチル病	214	多系統萎縮症
133	三尖弁閉鎖症	175	成長ホルモン分泌亢進症	215	タナトフォリック骨異形成症
134	三頭酵素欠損症	176	脊髄空洞症	216	多発血管炎性肉芽腫症
135	CFC症候群	177	脊髄小脳変性症（多系統萎縮症を除く。）	217	多発性硬化症／視神経脊髄炎
136	シェーグレン症候群			218	多発性軟骨性外骨腫症
137	色素性乾皮症	178	脊髄髄膜瘤	219	多発性嚢胞腎
138	自己貪食空胞性ミオパチー	179	脊髄性筋萎縮症	220	多脾症候群
139	自己免疫性肝炎	180	セピアプテリン還元酵素（SR）欠損症	221	タンジール病
140	自己免疫性後天性凝固因子欠乏症			222	単心室症
141	自己免疫性溶血性貧血	181	前眼部形成異常	223	弾性線維性仮性黄色腫
142	四肢形成不全	182	全身性エリテマトーデス	224	短腸症候群
143	シトステロール血症	183	先天異常症候群	225	胆道閉鎖症
144	シトリン欠損症	184	先天性横隔膜ヘルニア	226	遅発性内リンパ水腫
145	紫斑病性腎炎	185	先天性核上性球麻痺	227	チャージ症候群
146	脂肪萎縮症	186	先天性気管狭窄症／先天性声門下狭窄症	228	中隔視神経形成異常症／ドモルシア症候群
147	若年性特発性関節炎				
148	若年性肺気腫	187	先天性魚鱗癬	229	中毒性表皮壊死症
149	シャルコー・マリー・トゥース病	188	先天性筋無力症候群	230	腸管神経節細胞僅少症
150	重症筋無力症	189	先天性グリコシルホスファチジルイノシトール（GPI）欠損症	231	ＴＳＨ分泌亢進症
151	修正大血管転位症			232	ＴＮＦ受容体関連周期性症候群
152	ジュベール症候群関連疾患	190	先天性三尖弁狭窄症	233	低ホスファターゼ症
153	シュワルツ・ヤンペル症候群	191	先天性腎性尿崩症	234	天疱瘡
154	徐波睡眠期持続性棘徐波を示すてんかん性脳症	192	先天性赤血球形成異常性貧血	235	禿頭と変形性脊椎症を伴う常染色体劣性白質脳症
		193	先天性僧帽弁狭窄症		
155	神経細胞移動異常症	194	先天性大脳白質形成不全症	236	特発性拡張型心筋症
156	神経軸索スフェロイド形成を伴う遺伝性びまん性白質脳症	195	先天性肺静脈狭窄症	237	特発性間質性肺炎
		196	先天性風疹症候群	238	特発性基底核石灰化症
157	神経線維腫症	197	先天性副腎低形成症	239	特発性血小板減少性紫斑病
158	神経フェリチン症	198	先天性副腎皮質酵素欠損症	240	特発性血栓症（遺伝性血栓性素因によるものに限る。）
159	神経有棘赤血球症	199	先天性ミオパチー		
160	進行性核上性麻痺	200	先天性無痛無汗症	241	特発性後天性全身性無汗症
161	進行性骨化性線維異形成症	201	先天性葉酸吸収不全	242	特発性大腿骨頭壊死症
162	進行性多巣性白質脳症	202	前頭側頭葉変性症	243	特発性多中心性キャッスルマン病
163	進行性白質脳症	203	早期ミオクロニー脳症	244	特発性門脈圧亢進症
164	進行性ミオクローヌスてんかん	204	総動脈幹遺残症	245	特発性両側性感音難聴
165	心室中隔欠損を伴う肺動脈閉鎖症	205	総排泄腔遺残	246	突発性難聴
166	心室中隔欠損を伴わない肺動脈閉鎖症	206	総排泄腔外反症	247	ドラベ症候群
		207	ソトス症候群	248	中條・西村症候群
167	スタージ・ウェーバー症候群	208	ダイアモンド・ブラックファン貧血	249	那須・ハコラ病
168	スティーヴンス・ジョンソン症候群				

番号	疾病名	番号	疾病名	番号	疾病名
250	軟骨無形成症	286	ヒルシュスプルング病（全結腸型又は小腸型）	322	慢性特発性偽性腸閉塞症
251	難治頻回部分発作重積型急性脳炎			323	ミオクロニー欠神てんかん
252	22q11.2 欠失症候群	287	VATER 症候群	324	ミオクロニー脱力発作を伴うてんかん
253	乳幼児肝巨大血管腫	288	ファイファー症候群		
254	尿素サイクル異常症	289	ファロー四徴症	325	ミトコンドリア病
255	ヌーナン症候群	290	ファンコニ貧血	326	無虹彩症
256	ネイルパテラ症候群（爪膝蓋骨症候群）/LMX1B 関連腎症	291	封入体筋炎	327	無脾症候群
		292	フェニルケトン尿症	328	無βリポタンパク血症
257	脳腱黄色腫症	293	複合カルボキシラーゼ欠損症	329	メープルシロップ尿症
258	脳表ヘモジデリン沈着症	294	副甲状腺機能低下症	330	メチルグルタコン酸尿症
259	膿疱性乾癬	295	副腎白質ジストロフィー	331	メチルマロン酸血症
260	嚢胞性線維症	296	副腎皮質刺激ホルモン不応症	332	メビウス症候群
261	パーキンソン病	297	ブラウ症候群	333	メンケス病
262	バージャー病	298	プラダー・ウィリ症候群	334	網膜色素変性症
263	肺静脈閉塞症／肺毛細血管腫症	299	プリオン病	335	もやもや病
264	肺動脈性肺高血圧症	300	プロピオン酸血症	336	モワット・ウィルソン症候群
265	肺胞蛋白症（自己免疫性又は先天性）	301	PRL 分泌亢進症（高プロラクチン血症）	337	薬剤性過敏症症候群
				338	ヤング・シンプソン症候群
266	肺胞低換気症候群	302	閉塞性細気管支炎	339	優性遺伝形式をとる遺伝性難聴
267	バッド・キアリ症候群	303	β－ケトチオラーゼ欠損症	340	遊走性焦点発作を伴う乳児てんかん
268	ハンチントン病	304	ベーチェット病		
269	汎発性特発性骨増殖症	305	ベスレムミオパチー	341	4p 欠失症候群
270	PCDH19 関連症候群	306	ヘパリン起因性血小板減少症	342	ライソゾーム病
271	非ケトーシス型高グリシン血症	307	ヘモクロマトーシス	343	ラスムッセン脳炎
272	肥厚性皮膚骨膜症	308	ペリー症候群	344	ランゲルハンス細胞組織球症
273	非ジストロフィー性ミオトニー症候群	309	ペルーシド角膜辺縁変性症	345	ランドウ・クレフナー症候群
		310	ペルオキシソーム病（副腎白質ジストロフィーを除く。）	346	リジン尿症蛋白不耐症
274	皮質下梗塞と白質脳症を伴う常染色体優性脳動脈症			347	両側性小耳症・外耳道閉鎖症
		311	片側巨脳症	348	両大血管右室起始症
275	肥大型心筋症	312	片側痙攣・片麻痺・てんかん症候群	349	リンパ管腫症／ゴーハム病
276	左肺動脈右肺動脈起始症			350	リンパ脈管筋腫症
277	ビタミンD依存性くる病／骨軟化症	313	芳香族L－アミノ酸脱炭酸酵素欠損症	351	類天疱瘡（後天性表皮水疱症を含む。）
278	ビタミンD抵抗性くる病／骨軟化症	314	発作性夜間ヘモグロビン尿症	352	ルビンシュタイン・テイビ症候群
		315	ポルフィリン症	353	レーベル遺伝性視神経症
279	ビッカースタッフ脳幹脳炎	316	マリネスコ・シェーグレン症候群	354	レシチンコレステロールアシルトランスフェラーゼ欠損症
280	非典型溶血性尿毒症症候群	317	マルファン症候群		
281	非特異性多発性小腸潰瘍症	318	慢性炎症性脱髄性多発神経炎／多巣性運動ニューロパチー	355	劣性遺伝形式をとる遺伝性難聴
282	皮膚筋炎／多発性筋炎			356	レット症候群
283	びまん性汎細気管支炎	319	慢性血栓塞栓性肺高血圧症	357	レノックス・ガストー症候群
284	肥満低換気症候群	320	慢性再発性多発性骨髄炎	358	ロスムンド・トムソン症候群
285	表皮水疱症	321	慢性膵炎	359	肋骨異常を伴う先天性側弯症

注）　疾病名の表記が変更になる可能性がある

たいせつな家族を守る！
障害者総合支援法のしくみ

2019 年 8 月 9 日　第 1 刷発行

編　者　デイリー法学選書編修委員会
発行者　株式会社　三省堂　代表者　北口克彦
印刷者　三省堂印刷株式会社
発行所　株式会社　三省堂
　　　　〒 101-8371　東京都千代田区神田三崎町二丁目 22 番 14 号
　　　　電話　編集 (03) 3230-9411　　営業 (03) 3230-9412
　　　　https://www.sanseido.co.jp/
〈DHS 障害者総合支援法・192pp.〉

©Sanseido Co., Ltd. 2019　　　　　　　　　　　Printed in Japan
落丁本・乱丁本はお取り替えいたします。

本書を無断で複写複製することは、著作権法上の例外を除き、禁じられています。
また、本書を請負業者等の第三者に依頼してスキャン等によってデジタル化する
ことは、たとえ個人や家庭内での利用であっても一切認められておりません。

ISBN978-4-385-32010-6